# 日常韓国語会話
# 基本の基本
# フレーズが身につく本

朝から夜まで、毎日使える1280フレーズ

李明姫
Lee Myunghee

# はじめに

　K-POP の人気や Netflix の普及などで韓国のエンタメにふれる機会が増えました。

　韓国語の初級テキストで学ぶ「です・ます」の丁寧な表現は、旅行に行ったり、初めて会う人と話すときに絶対に必要な表現ですが、ドラマや映画、歌の歌詞などを見ると「タメ口」表現がとても多いです。
　それは日常生活の中では家族との会話、独り言、親しい友達との会話が多くを占めるからです。ペットに声をかけるときもそうですね。

　日本もそうですが、韓国ではさらに年齢による序列を大切にするので、ふだんの会話では尊敬語、謙譲語、丁寧語、親しい間柄でのくだけた表現＝タメ口（パンマル）を使い分けます。

　本書は日常使われている表現を丸ごとフレーズで覚えていただきたいテキストなので、フレーズを短くし、言葉のニュアンスが伝わりやすくしました。解説や、文法の説明も最小限にとどめています。
　家族や親しい友達との間でよく使う「タメ口」のフレーズ、韓ドラ好きの方なら 100％耳にしているはずのフレーズをたくさん集めました。
　直接使う場面は限定されるかもしれませんが、ドラマや映画のセリフ、歌の歌詞、街中の人々の声がちゃんと意味を持った言葉として聞こえる、そんな生の韓国語を学びたい方々にお役に立てれば幸いです。

李明姫

## ☆そもそも「반말」(パンマル)とは？

　次のように、丁寧な言葉（語尾요で終わる）の語尾を切り取って半分にしたということから「半말」と言います。

---

　　　　　　　　　　　　　　　　→取る
　　あります・います 있어요 ⟶ 있어 (ある・いる)

---

　初対面なのに、まだ親しくもないのに、いきなり「パンマル」を使われると、ほとんどの人が不快に思います。時には「말이 짧네요. (言葉が短いですね)」〔本来の丁寧語の語尾が切られて短い→丁寧でない〕と皮肉られることも。使う場面にはくれぐれも気をつけましょう。

## ☆タメ口で話してもよい場面は？

①家族・ペットに対して。

②学生の頃からなど、若い頃からの友達。

③話す相手がうんと年下であること。
　　※大人になってから出会った人なら、年下でも最初は丁寧語が望ましい。

④学生同士（高校生以下）なら、初対面でもだいたいタメ口です。

⑤初対面ではなく以前に何度か会っていて、同じくらいの年配の場合、「우리 말 놔요. (タメ口で話しましょう)」などお互いの了承があったり、相手から「말씀 낮추세요. 말 편하게 하세요. 말 놓으세요.」などと、くだけた表現で話すよう促された場合であればOK。

⑥公式の場ではないこと。

## ☆丁寧表現・タメ口の違い

例　「먹는다」（食べる）

| 使う場面 | | |
|---|---|---|
| 友達同士 | 食べるよ | 먹는다 |
| | 食べる？ | 먹어？　먹니？　먹냐？ |
| | 食べよう | 먹자、 |
| | 食べな、食べて | 먹어라、먹어 |
| | 食べなきゃ | 먹어야지 |
| | 食べるんだね | 먹네 |
| | 食べるんだけど | 먹는데 |
| ちょっと年上に | 食べますよ | 먹어요 |
| | 食べますか？ | 먹어요? |
| | 食べましょう | 먹어요 |
| | 食べてください | 먹어요 (드세요) |
| | 食べなきゃ（いけません） | 먹어야지요 |
| | 食べるんですね | 먹네요 |
| | 食べるんですが | 먹는데요 |

　パンマルは丁寧な言葉（語尾요で終わる）の語尾を切り取った形なので、省略された「요」をくっつけると丁寧語に戻りますが、上記の語尾「〜다」、「〜니」、「〜냐」、「〜자〜라」」には「요」をつけることができません。

　また、相手が年上ではあるけれど年齢差があまりない場合、パンマルと丁寧語の混じった반존대（半丁寧語）を使うことがありますが、この場合も語尾「〜다」、「〜니」、「〜냐」、「〜자〜라」」は使ってはいけません。この語尾は目下の人に対してのみ使う言葉です。

　パンマルを言葉や文字などで使う際は、トラブルにならないように年齢的・心理的距離を考慮して、気をつけて使ってください。

# 目　次

カバー装丁　　末吉喜美
本文イラスト　朴秀濱

## ＜音声ダウンロードについて＞

Lesson 1〜7の各フレーズを「日本語→韓国語」の順に録音しています。小社HPよりダウンロードできます。

https://www.asuka-g.co.jp

・パソコンの場合

小社HPの「本をさがす」→「音声ダウンロード一覧」→「音声ファイル提供書籍一覧」から本書を選択。

・スマートフォンの場合

小社HP（メニュー）の「本をさがす」→「ジャンル　メニュー」→「音声ダウンロード一覧」→「音声ファイル提供書籍一覧」から本書を選択。

＜ナレーター＞　韓国語：李明姫
　　　　　　　　日本語：久末絹代

＜収録時間＞　約100分

※音声の再生にはMP3ファイルを再生できる機器などが必要です。ご使用の機器、音声再生ソフト等に関する技術的なご質問・お問い合わせはハードメーカーもしくはソフトメーカーにお願いいたします。

# Lesson 1

# 基本会話

　家族や親しい友達と一番よく使う「タメ口」のフレーズです。韓国語を勉強するときに学ぶ「です・ます」の表現は大事ですが、ドラマや映画の中のことばは「タメ口」が圧倒的に多いです。韓ドラ好きなら 100％耳にしているはずのフレーズを集めました。

# 1

# 友達とのあいさつ

　親しい友達や子供、自分より年下の人への日常のことばです。韓国は、SNS では LINE よりカカオトークが一般的で、これを縮めてカトック（카톡）、またはトック（톡）と言い、ドラマなどでも会話の中に頻繁に登場します。

おはよう。

<ruby>アンニョン</ruby>
안녕.

いい朝ね。

<ruby>チョウン アチム</ruby>
좋은 아침.

グッドモーニング。

<ruby>グンモニング</ruby>
굿모닝.

今日は早いね。
（出勤・登校が）

<ruby>イルチン ナンワンネ</ruby>
일찍 나왔네.

元気だった？

<ruby>チャル ジネッソ</ruby>
잘 지냈어?

元気だった？

<ruby>チャル ジネッチ</ruby>
잘 지냈지?

どう過ごしてたの？

<ruby>オトケ ジネッソ</ruby>
어떻게 지냈어?

（会えて）うれしいよ。

<ruby>バンガプタ</ruby>
반갑다.

久しぶりだね。

<ruby>オレンマニダ</ruby>
오랜만이다.

会いたかった。

<ruby>ボゴ シポッソ</ruby>
보고 싶었어.

| 語句 | | | |
|---|---|---|---|
| | ・아침 | アチム | 朝 |
| | ・일찍 | イルチック | 早く |
| | ・나오다 | ナオダ | 出る |
| | ・지내다 | チネダ | 過ごす |
| | ・〜만 | マン | 〜ぶり、〜だけ |

| | |
|---|---|
| バイバイ。 | <ruby>잘<rt>チャルガ</rt></ruby>가. |
| じゃあね。 | <ruby>들어가<rt>トゥロガ</rt></ruby>. |
| また会おうね。 | <ruby>또 보자<rt>ット ボジャ</rt></ruby>. |
| 今度会おうね。 | <ruby>담에 봐<rt>タメ バ</rt></ruby>. |
| 近いうちに会おうね。 | <ruby>조만간 만나자<rt>チョマンガン マンナジャ</rt></ruby>. |
| また連絡しようね。 | <ruby>또 연락하자<rt>ト ヨッラカジャ</rt></ruby>. |
| 連絡してね。 | <ruby>연락해<rt>ヨッラケ</rt></ruby>. |
| 連絡するね。 | <ruby>연락할게<rt>ヨッラカルケ</rt></ruby>. |
| カカオトークしてね。 | <ruby>톡해<rt>トケ</rt></ruby>. |
| カカオトークするね。 | <ruby>톡할게<rt>トカルケ</rt></ruby>. |

語句
| | | |
|---|---|---|
| ・또 | ト | また、再び |
| ・담에（다음에） | タメ | 今度、次に |
| ・만나다 | マンナンダ | 会う |
| ・연락하다 | ヨルラッカダ | 連絡する |
| ・톡 | トック | カカオトーク（카카오톡） |

メールしてね。 | ムンチャヘ
문자해.

メールするね。 | ムンチャハルケ
문자할게.

今度一杯しようね。 | タウメ ハン ジャナジャ
다음에 한 잔하자.

今度ご飯食べようね。 | オンジェ バップ パンボン モクチャ
언제 밥 한번 먹자.

今度ごちそうするね。 | タウメ バップ サルケ
다음에 밥 살게.

体に気をつけるんだよ〜 | コンガン ジャル チェンギョ
건강 잘 챙겨~

次はいつまた会えるかね〜 | ット オンジェ ボニ
또 언제 보니~

もっと頻繁に会おうね。 | チャジュ ジョム ボジャ
자주 좀 보자.

オンライン飲み会をやろう。 | レンソン モイム ハジャ
랜선 모임 하자.

| 語句 | ・문자 | ムンチャ | メールを含む文字メッセージのこと |
| | ・건강 | コンガン | 健康 |
| | ・자주 | チャジュ | 頻繁に、よく |
| | ・랜선 | レンソン | LAN 線 |
| | ・모임 | モイム | 集まり |

# 2

# 「ありがとう」の
# ことば

　「ありがとう」のことばを使う場面はたくさんあります
が、照れ隠しで英語を使ったりもします。Thank you. は
一般的に「땡큐」と言いますが、外来語表記では「생큐」
が正しい表記です。最近では「땡스」を使ったりもします。

| | |
|---|---|
| ありがとう。 | コマウォ<br>고마워. |
| ありがとう。 | コマップタ<br>고맙다. |
| 本当にありがとう。 | ノム コマウォ<br>너무 고마워. |
| 本当にありがとう。 | チョンマル コマウォ<br>정말 고마워. |
| いつもありがとう。 | ハンサン コマウォ<br>항상 고마워. |
| サンキュー。 | テンキュ<br>땡큐. |
| 感動だわ。 | カムドンイヤ<br>감동이야. |
| やめてよ、涙が出るじゃない。 | ウェ グレ ヌンムル ナゲ<br>왜 그래 눈물 나게. |
| (このようなものを用意していただいて)<br>申し訳ないわ… | モル イロン ゴル ダ<br>뭘 이런 걸 다… |

| 語句 | ・고맙다 | コマプタ | ありがたい |
|---|---|---|---|
| | ・너무 | ノム | とても、すごく、あまりにも |
| | ・정말 | チョンマル | 本当に |
| | ・항상 | ハンサン | いつも |
| | ・눈물 | ヌンムル | 涙 |

17

| | | | |
|---|---|---|---|
| 来てくれてありがとう。 | | ワジョソ　　コマウォ | 와줘서 고마워. |
| 話を聞いてくれてありがとう。 | | イェギ　トゥロジョソ　コマウォ | 얘기 들어줘서 고마워. |
| 覚えててくれてありがとう。 | | キオケ　　ジョソ　　コマウォ | 기억해 줘서 고마워. |
| 気を遣ってくれてありがとう。 | | チェンギョ ジョソ コマウォ | 챙겨 줘서 고마워. |
| おかげで助かった。 | | トクプネ　　サラッソ | 덕분에 살았어. |
| あなたのおかげよ。 | | タ　ニ　　ドクプニヤ | 다 네 덕분이야. |
| 感謝してる。 | | カムサハゲ　センガケ | 감사하게 생각해. |

| 語句 | ・오다 | オダ | 来る |
|---|---|---|---|
| | ・줘서 (←주어서) | チョソ | くれて、〜てもらって |
| | ・얘기 (←이야기) | イェギ | 話 |
| | ・듣다 | トゥッタ | 聞く、聴く |
| | ・기억하다 | キオッカダ | 記憶する |
| | ・고맙다 | コマプタ | ありがたい、感謝する |
| | ・덕분에 | トクプネ | おかげで |
| | ・생각하다 | センガッカダ | 思う、考える |

18

## ありがとうと言われたら

いやいや。

モル
**뭘.**

なに、そのぐらいで。

モル クジョンド　ガジゴ
**뭘 그정도 가지고.**

たいしたことないよ。

ピョル ゴ　アニヤ
**별 거 아니야.**

これくらい、どうってことないよ。

イ ジョンド チュミヤ
**이 정도 쯤이야.**

これくらい、たいしたことないよ。

イ ジョンドヤ　モ
**이 정도야 뭐.**

こちらこそ感謝してる。

ナヤマルロ　コマプチ
**나야말로 고맙지.**

私のほうこそ、ありがとう。

ネガ　ド　コマウォ
**내가 더 고마워.**

| 語句 | | | |
|---|---|---|---|
| ・뭘 (←무엇을) | モル | | 何を |
| ・정도 | チョンド | | 程度 |
| ・쯤 | ツム | | ぐらい、ほど |
| ・~야말로 | ヤマルロ | | ~こそ |
| ・더 | ト | | もっと、更に、加えて |

# 「ごめんね」の
# ことば

　相手に不愉快な思いをさせたとき、待ち合わせに遅れた
ときなどに「ごめんね」と謝ることばです。

「ごめんね」のことば

| ごめんね。 | ミアネ<br>미안해. |
| --- | --- |
| 本当にごめんね。 | チョンマル ミアネ<br>정말 미안해. |
| 私が悪かった。 | ネガ　ジャルモテッソ<br>내가 잘못했어. |
| どうしよう、ごめんね。 | ミアネソ　　オチョジ<br>미안해서 어쩌지. |
| 遅れてごめん。 | ヌジョソ　　ミアネ<br>늦어서 미안해. |
| ごめんごめん。 | ミアン　ミアン<br>미안 미안. |
| ソーリ。 | ッソリ<br>쏘리. |
| もう二度としない。 | タシヌン　アン　グロルケ<br>다시는 안 그럴게. |
| 許して。 | ヨンソヘ　ジョ<br>용서해 줘. |
| 怒った？ | ファナッソ<br>화났어? |

| 語句 | ・미안하다 | ミアナダ | 申し訳ない、すまない |
| --- | --- | --- | --- |
| | ・잘못하다 | チャルモッタダ | 誤る、落ち度がある |
| | ・늦다 | ヌッタ | 遅れる |
| | ・다시는 | タシヌン | 二度と |
| | ・용서하다 | ヨンソハダ | 許す |

21

# 「ほめる・ねぎらい」のことば

がんばったことをほめたり、ねぎらったりするときの表現や、祝うときのことばを集めました。

よくやった。 　　　　　チャレッタ
　　　　　　　　　　　잘했다.

よくやった。〔ソフトな感じ〕 　チャレッソ
　　　　　　　　　　　잘했어.

本当によくやった。 　チョンマル チャレッタ
　　　　　　　　　　　정말 잘했다.

すごい。 　　　　　テダネ
　　　　　　　　　　　대단해.

天才！ 　　　　　チョンジェヤ
　　　　　　　　　　　천재야！

やっぱ、違うね。 　ヨクシ　ダルラ
　　　　　　　　　　　역시 달라.

本当にきれい。 　ノム　イェプダ
　　　　　　　　　　　너무 예쁘다.

うわーすてき。 　ワ　モッチダ
　　　　　　　　　　　와 멋지다.

本当にすてき。 　ノム　モシッタ
　　　　　　　　　　　너무 멋있다.

「ほめる・ねぎらい」のことば

| 語句 | ・잘하다 | チャラダ | うまい、よくやる |
|---|---|---|---|
| | ・대단하다 | テダナダ | すごい |
| | ・역시 | ヨクシ | やっぱり |
| | ・다르다 | タルダ | 違う、異なる |
| | ・예쁘다 | イェプダ | きれいだ、かわいい |
| | ・멋지다 | モッチダ | すてきだ、かっこいい |

23

本当、かっこいいね。
チンチャ グンサハンデ
진짜 근사한데.

絵描くの、上手い！
クリム ジャルグリンダ
그림 잘그린다！

歌、上手い！
ノレ ジャランダ
노래 잘한다！

料理、上手いね。
ヨリ ジャラネ
요리 잘하네.

芸術的！
ワンジョン イェスリダ
완전 예술이다！

センスあるね。
センスガ イッソ
센스가 있어.

いい感覚もってるね。
カムガギ イッソ
감각이 있어.

何でもできるんだね。
モタヌン ゲ オムネ
못하는 게 없네.

できないことって、ある？
トデチェ モタヌン ゲ モヤ
도대체 못하는 게 뭐야?

うらやましい。
プロプタ
부럽다.

| 語句 | | | |
|---|---|---|---|
| | ・그림 | クリム | 絵 |
| | ・그리다 | クリダ | 描く |
| | ・노래 | ノレ | 歌 |
| | ・완전（완전히） | ワンジョン | 完全（完全に） |
| | ・도대체 | トデチェ | いったい |

よかった。 　잘 됐다.
〔ジャル デッタ〕

本当によかった。 　정말 잘됐어.
〔チョンマル ジャルデッソ〕

よかった。〔幸いだわ。〕 　다행이야.
〔ダヘンイヤ〕

ご苦労さま。 　고생 많았어.
〔コセン マナッソ〕

よくがんばったね。 　너무 수고했어.
〔ノム スゴヘッソ〕

**小さい子供に**

えらいわ。〔感心した。〕 　기특하네.
〔キトゥカネ〕

いい子ね。 　착하다.
〔チャカダ〕

もうお姉ちゃんだね。 　다 컸네.
〔もうお兄ちゃんだね。〕 〔タ コンネ〕

| 語句 | ・고생 | コセン | 苦労 |
| --- | --- | --- | --- |
| | ・많다 | マンタ | 多い |
| | ・수고 | スゴ | 苦労、骨折り |
| | ・착하다 | チャカダ | 優しい、善良だ |
| | ・컸다（크다の過去形） | コッタ | 大きくなった |

# 「祝福」のことば

誕生日・合格・結婚など、親しい人に「おめでとう」と言うときのいろいろなフレーズです。

「祝福」のことば

おめでとう。　　　　　　　　チュカハンダ
　　　　　　　　　　　　　　축하한다.

おめでとう。　　　　　　　　チュカヘ
　　　　　　　　　　　　　　축하해.

誕生日おめでとう。　　　　　センイル チュカヘ
　　　　　　　　　　　　　　생일 축하해.

合格おめでとう。　　　　　　ハプキョッグ チュカヘ
　　　　　　　　　　　　　　합격 축하해.

合格おめでとう。　　　　　　プトゥン ゴ　チュカヘ
　　　　　　　　　　　　　　붙은 거 축하해.

卒業おめでとう。　　　　　　ジョロップ チュカヘ
　　　　　　　　　　　　　　졸업 축하해.

結婚おめでとう。　　　　　　ギョロン チュカヘ
　　　　　　　　　　　　　　결혼 축하해.

マイホーム購入おめでとう。　ネ　ジム　マリョン チュカヘ
　　　　　　　　　　　　　　내 집 마련 축하해.

入居おめでとう。　　　　　　イプチュ チュカヘ
　　　　　　　　　　　　　　입주 축하해.

出産おめでとう。　　　　　　チュルサン チュカヘ
　　　　　　　　　　　　　　출산 축하해.

| 語句 | ・생일 | センイル | 誕生日 |
|------|--------|----------|--------|
| | ・합격 | ハブキョック | 合格 |
| | ・붙은 거 | プットゥン ゴ | 受かったこと |
| | ・마련 | マリョン | 準備、用意 |
| | ・입주 | イプチュ | 入居 |

# 6

# 「驚き・感動・ドキドキ」のことば

　様々な驚き・感動のことばがありますが、端的に短く発することばでSNSや話しことばによく登場する擬声語があります。驚くときは「악!」「헉!」「헐!」。感動したときに発する擬声語は「와~」「장난 아냐」「미쳤다」があります。

ビックリした。 깜짝이야.
<small>カムチャギヤ</small>

驚いたじゃない。 놀랐잖아.
<small>ノルラッチャナ</small>

やめてよ〜驚いたじゃない。 왜 그래~놀랐잖아.
<small>ウェ グレ　ノルラッチャナ</small>

ビックリしたよ。 깜짝 놀랐어.
<small>カムチャン ノルラッソ</small>

本当に驚いたわ。 정말 놀랐어.
<small>チョンマル ノルラッソ</small>

驚きだわ。 놀라워.
<small>ノルラウォ</small>

本当？ 정말?
<small>チョンマル</small>

本当なの？ 정말이야?
<small>チョンマリヤ</small>

ちょ、ちょっと待って。 아, 잠깐만 잠깐만.
<small>ア チャンカンマン チャンカンマン</small>

「驚き・感動・ドキドキ」のことば

| 語句 | | | |
|---|---|---|---|
| | ・깜짝 | カムチャック | ビックリ |
| | ・정말 | チョンマル | 本当に |
| | ・놀라다 | ノルラダ | 驚く |
| | ・놀랍다 | ノルラプダ | 驚異だ |
| | ・잠깐만 | チャンカンマン | ちょっと待って |

こんなことって（あり得ない）。　<ruby>이럴<rt>イロル</rt></ruby> <ruby>수가<rt>スガ</rt></ruby>.

信じられない。　<ruby>믿기지가<rt>ミッキジガ</rt></ruby> <ruby>않아<rt>アナ</rt></ruby>.

あり得ない。　<ruby>말도<rt>マルド</rt></ruby> <ruby>안<rt>アン</rt></ruby> <ruby>돼<rt>デ</rt></ruby>.

あり得なくない？　<ruby>이게<rt>イゲ</rt></ruby> <ruby>말이<rt>マリ</rt></ruby> <ruby>돼<rt>デ</rt></ruby>?

驚いたでしょう？　<ruby>놀랐지<rt>ノルラッチ</rt></ruby>?

ビックリした？　<ruby>놀랐어<rt>ノルラッソ</rt></ruby>?

すごい。　<ruby>대박<rt>テバック</rt></ruby>.

| 語句 | | | |
|---|---|---|---|
| | ・믿다 | ミッタ | 信じる |
| | ・믿기다 | ミッキダ | 信じられる |
| | ・말 | マル | 言葉 |
| | ・이게（이것이） | イゲ | これが |
| | ・대박 | テバック | すごい、やばい |

## 感動

感動した。
カムドンヘッソ
감동했어.

涙が出ちゃう。
ヌンムル ナ
눈물 나.

ことばが出ないよ。
マリ アン ナワ
말이 안 나와.

## ドキドキ・ワクワク

ドキドキ。
トゥグントゥグン
두근두근.

心臓がドキドキ。
シムジャンイ トゥグントゥグン
심장이 두근두근.

ドキドキする。
トルリョ
떨려.

ワクワクする。
ノム ソルレ
너무 설레.

もうドキドキしてる。
〔期待で〕
ポルソブト ソルレンダ
벌써부터 설렌다.

「驚き・感動・ドキドキ」のことば

| 語句 | | | |
|---|---|---|---|
| | ・눈물 나다 | ヌンムル ナダ | 涙が出る |
| | ・심장 | シムジャン | 心臓 |
| | ・떨리다 | トルリダ | 震える |
| | ・설레다 | ソルレダ | ワクワクする |
| | ・벌써부터 | ポルソブト | 今からすでに |

# 7

# 「励まし」のことば

　誰かと戦うわけではありませんが、「がんばれ」という意味で「파이팅」ということばをよく使います。同じ意味でよく使われる「힘 내」は、直訳すると「力を出して」です。

| ファイト！ | パイティング<br>파이팅！ |
| がんばれ。 | ヒム ネ<br>힘 내. |
| がんばって！ | チャレバ<br>잘 해봐！ |
| 君ならできる。 | ノン ハル ス イッソ<br>넌 할 수 있어. |
| その調子！〔よくやっている〕 | チャ ラゴ イッソ<br>잘 하고 있어！ |
| もっとできるはず。 | ト チャラル ス イッソ<br>더 잘할 수 있어. |
| あきらめないで。 | ポギハジマ<br>포기하지마. |
| あともうちょっと！ | チョグンマンド<br>조금만 더！ |
| もうすぐゴールだよ。 | タ ワッソ<br>다 왔어. |
| 応援するね。 | ウンウォナルケ<br>응원할게. |

| 語句 | ・힘 | ヒム | 力、元気 |
|---|---|---|---|
| | ・넌（←너는） | ノン | 君は、お前は |
| | ・조금만 | チョグンマン | 少しだけ、もう少し |
| | ・다 | タ | ほとんど、全部、すべて |
| | ・응원 | ウンウォン | 応援 |

33

# 「お悔やみ」のことば

　家族や親しい人との別れで哀しみの中にいる友人・知人へのことばです。お葬式や通夜に行けなくても、文字（SNSやショートメール）でお悔やみのことばを送ってあげましょう。

ご愁傷さま。　　　　　마음 많이 아프겠다.
　　　　　　　　　　　（マウム　マニ　アプゲッタ）

すごく傷心していると　상심이 크겠어.
思う。　　　　　　　　（サンシミ　クゲッソ）

いろいろと気苦労が　　마음 고생 많았어.
多かったと思う。　　　（マウム　コセン　マナッソ）

本当に大変だね。　　　너무 힘들겠다.
　　　　　　　　　　　（ノム　ヒムドゥルゲッタ）

どうすればいいか…　　어떡하니…
　　　　　　　　　　　（オトカニ）

なんて言ったらいいか、뭐라 말을 해야 할지 모르겠어.
わからない。　　　　　（モラ　マルル　ヘヤ　ハルチ　モルゲッソ）

一緒にいてあげられ　　같이 있어주지 못해서 미안해.
なくてごめんね。　　　（ガチ　イッソジュジ　モテソ　ミアネ）

直接行けなくて…　　　가보지도 못하고… 미안해.
ごめんね。　　　　　　（カボジド　モタゴ　ミアネ）

| 語句 | | | |
|---|---|---|---|
| | ・마음 | マウム | 心 |
| | ・상심 | サンシム | 傷心 |
| | ・힘들다 | ヒムドゥルダ | 大変だ、辛い |
| | ・뭐라（←무엇이라） | モラ | 何と |
| | ・같이 | カッチ | 一緒に |
| | ・있다 | イッタ | いる |

# 「問いかけ」のことば

　「何・誰・いつ・どこ・いくつ・いくら・なぜ・どう・どの・どんな」などを使った短い問いかけのことばや、自分への問いかけ（〜だったっけ？）のことばです。

| 誰？ | ヌグヤ<br>누구야? |
| 誰が？ | ヌガ<br>누가? |
| 誰を？ | ヌグルル<br>누구를? |
| 誰に？ | ヌグハンテ<br>누구한테? |
| 誰と？ | ヌグラン<br>누구랑? |
| 誰だろう？ | ヌグジ<br>누구지? |
| 誰なの？ | ヌグンデ<br>누군데? |
| 誰だったっけ？ | ヌグヨットラ<br>누구였더라? |

| 語句 | ・누구 | ヌグ | 誰 |
| | ・〜를 | ルル | 〜を |
| | ・〜한테 | ハンテ | 〜に |
| | ・〜랑 | ラン | 〜と |
| | ・〜였더라 | ヨットラ | 〜だったっけ |

| | |
|---|---|
| いつ？ | オンジェ<br>언제? |
| いつ？ | オンジェヤ<br>언제야? |
| いつなの？ | オンジェンデ<br>언젠데? |
| いつ頃？ | オンゼッチュム<br>언제쯤? |
| いつから？ | オンジェブト<br>언제부터? |
| いつまで？ | オンジェッカジ<br>언제까지? |
| いつだっけ？ | オンジェヨットラ<br>언제였더라? |
| いつにする？ | オンゼロ　ハルカ<br>언제로　할까? |

| 語句 | ・언제 | オンジェ | いつ |
|---|---|---|---|
| | ・～부터 | ブト | ～から |
| | ・～까지 | カジ | ～まで |

| | |
|---|---|
| どこ？ | オディ<br>어디? |
| どこ？ | オディヤ<br>어디야? |
| どこなの？ | オディンデ<br>어딘데? |
| どこだろう？ | オディジ<br>어디지? |
| どこら辺？ | オディチュム<br>어디쯤? |
| どこから？ | オディブト<br>어디부터? |
| どこまで？ | オディッカジ<br>어디까지? |
| どこで？ | オディソ<br>어디서? |
| どこに？ | オディロ<br>어디로? |

「問いかけ」のことば

| 語句 | ・어디 | オディ | どこ |
|---|---|---|---|
| | ・〜서 | ソ | 〜で |
| | ・〜로 | ロ | 〜に |

| | |
|---|---|
| 何？ | 뭐?*1 <br> モ |
| 何が？ | 뭐가? <br> モガ |
| 何を？ | 뭘? <br> モル |
| 何だろう？ | 뭐지? <br> モジ |
| （それ）何？ | 뭔데? <br> モンデ |
| 何かな？ | 뭘까? <br> モルカ |
| 何してる？ | 뭐해? <br> モヘ |
| これ何？ | 이게 뭐야? <br> イゲ モヤ |
| 何？　聞こえない。 | 뭐라고? 안 들려. <br> モラゴ　アンドゥルリョ |

---

語句　・뭐（←무엇）　　　　モ　　　　　　　　　何
　　　・뭘（뭐를 , 무엇을）　モル　　　　　　　何を
　　　・이게（←이것이）　　イゲ　　　　　　　これが

＊1　「뭐」は「무엇」の縮約形で、会話体でよく使われます。書き言葉・丁寧な言葉
としては「何が」は「무엇이」、「何を」は「무엇을」、「何だろうか」は「무엇일까」

「問いかけ」のことば

| | |
|---|---|
| どうして？ | <sup></sup>ウェ<br>왜? |
| どうしたの？ | ウェ グレ<br>왜 그래? |
| どうしたんだろう？ | ウェ グロジ<br>왜 그러지?*2 |
| どうしてだろう？ | ウェイルカ<br>왜일까? |
| どうやって？ | オトッケ<br>어떻게? |
| どうやるの？ | オトッケ ヘ<br>어떻게 해? |
| どうやればいいの？ | オトッケ ハミョンデ<br>어떻게 하면 돼? |
| どうなってるの？ | オトッケ デンゴヤ<br>어떻게 된거야? |

| 語句 | ・왜 | ウェ | どうして、なぜ |
|---|---|---|---|
| | ・그래 | グレ | 그리하여（そのようにして）の縮約形 |
| | ・어떻게 | オトッケ | どのように |

*2 「왜 그러지?」は「왜 그렇게 하지?」の縮約形で、どうしてあんな表情・行動・言い方をしているんだろう？という意味で使われます。

| どんなの？ | オットン ゴ<br>어떤 거? |
|---|---|
| どんな人？ | オットン サラミヤ<br>어떤 사람이야? |
| どんなのがいい？ | オットン ゲ ジョア<br>어떤 게 좋아? |
| どうしたの？〔何ごと？〕 | ムスン イリヤ<br>무슨 일이야? |
| 何色？ | ムスン セック<br>무슨 색? |
| 何の本？ | ムスン チェッグ<br>무슨 책? |
| どういう話？ | ムスン ネヨンイヤ<br>무슨 내용이야? |
| どういうこと？ | ムスン イェギヤ<br>무슨 얘기야? |
| 何言ってるの？ | ムスン ソリヤ<br>무슨 소리야? |

| 語句 | ・어떤 | オットン | どんな |
|---|---|---|---|
| | ・사람 | サラム | 人 |
| | ・무슨 | ムスン | 何の |
| | ・내용 | ネヨン | 内容 |
| | ・소리 | ソリ | 声、音 |

| | |
|---|---|
| どれ？〔いくつかある中で〕 | <sub>オヌ ゴ</sub><br>어느 거? |
| どの家？ | <sub>オヌ ジップ</sub><br>어느 집? |
| どの服？ | <sub>オヌ オッ</sub><br>어느 옷? |
| どの程度？ | <sub>オヌ ジョンド</sub><br>어느 정도? |
| いくら？ | <sub>オルマ</sub><br>얼마? |
| いくら？ | <sub>オルマヤ</sub><br>얼마야? |
| いくらなの？ | <sub>オルマンデ</sub><br>얼만데? |
| どのくらい？ | <sub>オルマナ</sub><br>얼마나? |
| どのくらい？ | <sub>オルマンクム</sub><br>얼만큼? |

| 語句 | ・어느 | オヌ | どの |
|---|---|---|---|
| | ・집 | チップ | 家 |
| | ・옷 | オッ | 服 |
| | ・얼마 | オルマ | いくら |
| | ・얼만데 (얼마인데) | オルマンデ | いくらなの |

| | |
|---|---|
| いくつ？ | ミョッケ<br>몇 개? |
| 何名？ | ミョンミョン<br>몇 명? |
| 何人？ | ミョッサラム<br>몇 사람? |
| 何年？ | ミョンニョン<br>몇 년? |
| 何月？ | ミョドル<br>몇월? |
| 何日？ | ミョチル<br>며칠? |
| 何時？ | ミョッシ<br>몇 시? |
| 何時間？ | ミョッシガン<br>몇 시간? |
| 何年生まれ？ | ミョンニョンセンイヤ<br>몇 년생이야? |
| 何歳？ | ミョッサリヤ<br>몇살이야? |

| 語句 | | | |
|---|---|---|---|
| | ・몇 | ミョッ | いくつ、何 |
| | ・개 | ケ | 個 |
| | ・명 | ミョン | 名 |
| | ・년 | ニョン | 年 |
| | ・시간 | シガン | 時間 |

## ちょっと特別な表現 ①

充分ありがたいわ。

クゲ　オディヤ
그게 어디야.*3

やってくれるだけでもありがたい。

ヘジュヌン　ゴンマンド　オディンデ
해주는 것만도 어딘데.

時給1万ウォンも大きいよ。

シグプ　マヌォニ　オディヤ
시급 만 원이 어디야.

もうずいぶん昔よ。

クゲ　オンジェンデ
그게 언젠데~

結婚なんて、とんでもない。

キョロヌン　ムスン
결혼은 무슨~

歌手なんて、とんでもない。

カスヌン　ムスン　カスヤ
가수는 무슨 가수야~

遊んでても仕方がないでしょう。
〔何かしないと〕

ノルミョン　モハニ
놀면 　 뭐하니.*4

卒業したって…
〔就職も決まらないし〕

チョロブル　ハミョン　モハニ
졸업을 하면 뭐하니…

---

| 語句 | ・시급 | シグプ | 時給 |
| | ・가수 | カス | 歌手 |
| | ・놀다 | ノルダ | 遊ぶ |

＊3　語尾を下げると意味が変わったり、直訳とはまったく違った意味になる表現です。「그게 어디야」╱は「それどこ?」

＊4　直訳は「遊ぶなら何をする?」ですが、本当の意味は「遊んでたって(何もせずにダラダラしたって)一銭の得にもならないよ。何か働かなきゃ。」

| | | |
|---|---|---|
| 何これ？ | <ruby>イ<rt></rt></ruby><ruby>ゲ<rt></rt></ruby> <ruby>モ<rt></rt></ruby><ruby>ヤ<rt></rt></ruby> | |
| | 이게, 뭐야? | |
| 何って、本だよ。 | <ruby>モギン<rt></rt></ruby> <ruby>モヤ<rt></rt></ruby> <ruby>チェギジ<rt></rt></ruby> | |
| | 뭐긴 뭐야, 책이지. | |

イゲ モヤ
何これ？　　　이게, 뭐야?

モギン　モヤ　チェギジ
何って、本だよ。　뭐긴 뭐야, 책이지.

## ちょっと特別な表現②

オトッケ　モゴ
どうやって食べるの？　어떻게 먹어?*5

オトッケ　モゴ
食べられないよ。　어떻게 먹어.

---

オトッケ　マレ
どう話す？　어떻게 말해?

オトッケ　マレ
言えないよ。　어떻게 말해.

---

オトッケ　ガ
どうやって行くの？　어떻게 가?

オトッケ　ガ
行けないよ。　어떻게 가.

---

| 語句 | ・먹다 | モクタ | 食べる |
|---|---|---|---|
| | ・말하다 | マラダ | 話す |

＊5　全く同じ「어떻게 〜」の2文ですが、語尾の発音で意味が変わるので注意。

郵便はがき

112-0005

東京都文京区水道 2-11-5

# 明日香出版社

プレゼント係行

感想を送っていただいた方の中から
毎月抽選で 10 名様に図書カード(1000 円分)をプレゼント!

| ふりがな<br>お名前 | | |
|---|---|---|
| ご住所 | 郵便番号 (      ) 電話 (      ) | |
| | 都道<br>府県 | |
| メールアドレス | | |

* ご記入いただいた個人情報は厳重に管理し、弊社からのご案内や商品の発送以外の目的で使うことはありません。
* 弊社 WEB サイトからもご意見、ご感想の書き込みが可能です。

明日香出版社ホームページ　https://www.asuka-g.co.jp

ご愛読ありがとうございます。
今後の参考にさせていただきますので、ぜひご意見をお聞かせください。

本書の
タイトル

| 年齢：　　　歳 | 性別：男・女 | ご職業： | 月頃購入 |
|---|---|---|---|

● 何でこの本のことを知りましたか？
① 書店　② コンビニ　③ WEB　④ 新聞広告　⑤ その他
( 具体的には → 　　　　　　　　　　　　　　　　　　　　　　　　　)

● どこでこの本を購入しましたか？
① 書店　② ネット　③ コンビニ　④ その他
( 具体的なお店 → 　　　　　　　　　　　　　　　　　　　　　　　　)

● 感想をお聞かせください

① 価格　　　　　高い・ふつう・安い
② 著者　　　　　悪い・ふつう・良い
③ レイアウト　　悪い・ふつう・良い
④ タイトル　　　悪い・ふつう・良い
⑤ カバー　　　　悪い・ふつう・良い
⑥ 総評　　　　　悪い・ふつう・良い

● 購入の決め手は何ですか？

● 実際に読んでみていかがでしたか？（良いところ、不満な点）

● その他（解決したい悩み、出版してほしいテーマ、ご意見など）

● ご意見、ご感想を弊社ホームページなどで紹介しても良いですか？
① 名前を出して良い　② イニシャルなら良い　③ 出さないでほしい

ご協力ありがとうございました。

# Lesson 2

# 「おはよう」から
# 「おやすみ」まで

朝起きてから夜寝るまで、一日の生活の中でよく使うフレーズをたくさん集めました。

一日の始まり。朝起きる、または起こされるところからご飯を食べるまでの様々なフレーズです。家族や友達と、または独り言でつぶやいてみましょう。

# おはよう

　一日の始まり。朝起きる、または起こされるところから
ご飯を食べるまでの様々なフレーズです。

| | |
|---|---|
| 起きて。 | <sup>イロナ</sup><br>일어나. |
| 早く起きて。 | <sup>パルリ　イロナ</sup><br>빨리 일어나. |
| 起きてってば。 | <sup>イロナラニカ</sup><br>일어나라니까. |
| 起きた？ | <sup>イロナッソ</sup><br>일어났어? |
| まだ寝てるの？ | <sup>アジクト　ジャニ</sup><br>아직도 자니? |
| いつまで寝るつもり？ | <sup>オンジェッカジ　ジャルコヤ</sup><br>언제까지 잘꺼야!? |
| 今何時だと思ってるの？ | <sup>チグミ　ミョッシンデ</sup><br>지금이 몇신데. |
| もう7時だよ。 | <sup>ポルソ　イルゴプシヤ</sup><br>벌써 7시야. |
| 目覚めた？ | <sup>チャム　ツケッソ</sup><br>잠 깼어? |
| よく眠れた？ | <sup>チャル　ジャッソ</sup><br>잘 잤어? |

---

**語句**
- 일어나다　イロナダ　起きる
- 빨리　パルリ　早く
- ～꺼야？　コヤ　～するつもり？
- 지금　チグム　今
- 벌써　ポルソ　もう、すでに

49

| 珍しく早起きだね。 | ウェンイルロ イルチック イロンネ<br>왠일로 일찍 일어났네? |
| もう少し寝る。 | チョム マント ジャルケ<br>좀 만 더 잘게. |
| あと30分… | サムシップン マン<br>30분 만… |
| アラームを止めて。 | アルラム ッコラ<br>알람 꺼라. |
| お姉ちゃんを起こして。 | ヌナ チョム ッケウォ<br>누나 좀 깨워. |
| 遅れるよ。 | ヌンヌンダ<br>늦는다. |
| 寝坊した。 | ヌッチャム ジャッソ<br>늦잠 잤어. |
| アラーム消して、二度寝した。 | アルラム ックゴ タシ ジャッソ<br>알람 끄고 다시 잤어. |
| ぐっすり寝た。 | プック ジャッソ<br>푹 잤어. |
| 本当によく寝た。 | ノム チャル ジャッソ<br>너무 잘 잤어. |

| 語句 | ・왠일로 | ウェンニルロ | どういう風の吹き回しで |
|---|---|---|---|
| | ・일찍 | イルチック | 早く |
| | ・알람 | アルラム | アラーム |
| | ・끄다 | クダ | 消す、オフにする |
| | ・푹 | プック | ぐっすり |

50

目がパンパンに腫れてる。

ヌニ ティンティン ブオッソ
눈이 팅팅 부었어.

顔がむくんでるな。

オルグリ ブオンネ
얼굴이 부었네.

寝すぎたみたい。

ノム マニ ジャンナバ
너무 많이 잤나봐.

よく眠れなかった。

チャル モッ チャッソ
잘 못 잤어.

早く洗って。

オルルン ッシソ
얼른 씻어.

何？その頭。

モリガ クゲ モニ
머리가 그게 뭐니?

髪を直して〔くしで梳いて〕。

モリ ジョム ビソ
머리 좀 빗어.

顔を洗った？

セス ヘンニ
세수 했니?

服を着がえて。

オッ カラ イップコ
옷 갈아 입고.

早く出て来て。

オルルン ナワ
얼른 나와.

---

| 語句 | | | |
|---|---|---|---|
| ・눈 | ヌン | 目 | |
| ・붓다 | プッタ | 腫れる、むくむ | |
| ・머리 | モリ | 頭、髪、ヘアスタイル | |
| ・빗다 | ピッタ | くしで梳く、ブラッシングする | |
| ・세수 | セス | 洗顔 | |

# 2

# 食事

　ここでは「〜してくれない？　〜줄래」「〜してちょうだい 〜줘」という表現がいろいろ使われています。

　それぞれのニュアンスは日本語とほぼ同じで、치우다（片づける）を例に見てみると、命令形の치워（片づけて）より、치워줘（片づけてちょうだい）、취워줄래（片づけてくれる？）のほうが優しいニュアンスになります。

食事

| | | |
|---|---|---|
| お腹空いた。 | ペ　ゴパ<br>배 고파. | |
| ご飯食べよう。 | パップ　モクチャ<br>밥 먹자. | |
| 何食べたい？ | モ　モッコ　シポ<br>뭐 먹고 싶어? | |
| 何作って食べる？ | モ　ヘ　モグルカ<br>뭐 해 먹을까? | |
| 食べに行く？ | モグロ　ナガルレ<br>먹으러 나갈래? | |
| 何か頼む？ | シキョ　モグルカ<br>시켜 먹을까? | |
| 何頼む？ | モ　シキルカ<br>뭐 시킬까? | |
| デリバリーやってるかな？ | ペダル　デナ<br>배달 되나? | |
| テーブルを片づけてくれる？ | テイブル　ジョム　チウォ　ジュルレ<br>테이블 좀 치워 줄래? | |

食事

---

| 語句 | ・배 | ペ | お腹 |
|---|---|---|---|
| | ・밥 | パップ | ご飯、食事 |
| | ・시키다 | シキダ | 注文する、（相手に）やらせる |
| | ・배달 | ペダル | デリバリー、配達 |
| | ・치우다 | チウダ | 片づける |

| お箸とスプーンを置いて。 | スジョ ノッコ<br>수저 놓고. |
|---|---|
| 冷蔵庫からキムチ出して。 | ネンジャンゴエソ キムチ ッコネジョ<br>냉장고에서 김치 꺼내줘. |
| キムチがまだ熟してないね。 | キムチガ アジック アン ニゴンエ<br>김치가 아직 안 익었네. |
| キムチが食べ頃だね。 | キムチガ チャル イゴッタ<br>김치가 잘 익었다. |
| お皿に盛りつけて。 | ジョブシエ タマジョ<br>접시에 담아줘. |
| 小皿に取り分けて。 | チャグン ジョブシエ ドロジョ<br>작은 접시에 덜어줘. |
| ご飯よそって。 | パップ チョム ポ ジョ<br>밥 좀 퍼 줘. |
| 熱いよ、気をつけて。 | ットゥゴウォ ジョシメ<br>뜨거워, 조심해. |
| 汁が冷めちゃったね。 | クギ シゴンネ<br>국이 식었네. |

| 語句 | ・수저 | スジョ | 箸とスプーン |
|---|---|---|---|
| | ・놓다 | ノッタ | 置く |
| | ・냉장고 | ネンジャンゴ | 冷蔵庫 |
| | ・접시 | チョブシ | 皿 |
| | ・뜨겁다 | トゥゴブタ | 熱い |
| | ・식다 | シクタ | 冷める |

温めようか？

チョム デウルカ
좀 데울까?

レンジで温めようか？

チョンジャレンジ ドルリルカ
전자레인지 돌릴까?

食事

いっぱい食べてね。

マニ モゴ
많이 먹어.

量が足りない。

ヤンイ チョム モジャラ
양이 좀 모자라.

量が多いな。

ヤンイ マンネ
양이 많네.

ごちそうさま。

ノム チャル モゴッタ
너무 잘 먹었다.

ごちそうさまでした。

チャル モゴッスムニダ
잘 먹었습니다.

お腹いっぱい。

ペブルロ
배불러.

| 語句 | | | |
|---|---|---|---|
| | ・데우다 | テウダ | 温める |
| | ・전자레인지 | チョンジャレンジ | 電子レンジ |
| | ・돌리다 | トルリダ | （家電を）駆動する、回す |
| | ・양 | ヤン | 量 |
| | ・모자라다 | モジャラダ | 足りない |
| | ・배부르다 | ペブルダ | 満腹だ |

## 子どもへの注意

座って食べて。

アンジャソ　モゴ
앉아서 먹어.

ちゃんと嚙んで食べて。

ッコッコク ッシボ モゴ
꼭꼭 씹어 먹어.

ゆっくり食べて。

チョンチョニ モゴ
천천히 먹어.

こぼさないで。

フルリジ マルゴ
흘리지 말고.

くちゃくちゃ音を
立てないの。

チョプチョプコリジ マルゴ
쩝쩝거리지 말고.

好き嫌いしないでバランスよく食べるのよ。

カリジ　マルゴ ゴルゴル　モゴヤジ
가리지 말고 골고루 먹어야지.

全部食べてから遊んでね。

タ　モッコ　ノラ
다 먹고 놀아.

あと一口だけ。
〔食べない子供に〕

ハンニムマン ド
한 입만 더.

片しちゃうわよ。

チウンダ
치운다.

| 語句 | ・앉다 | アンタ | 座る |
|------|-------|--------|------|
| | ・천천히 | チョンチョニ | ゆっくり |
| | ・흘리다 | フルリダ | こぼす |
| | ・가리다 | カリダ | 選り分ける、区別する |

56

## 味について

ちょっとしょっぱい。

チョム ッチャダ
좀 짜다.

ちょっと甘い。

チョム ダルダ
좀 달다.

辛すぎる。

ノム メウォ
너무 매워.

酸っぱすぎ。

ノム ショ
너무 셔.

脂っこい。

ヌッキヘ
느끼해.

ほろ苦いね。

ッサブッサルマネ
쌉싸름하네.

苦みがある。

ッスン マシ イッソ
쓴 맛이 있어.

後味が苦い。

ティンマシ ッスダ
뒷맛이 쓰다.

香ばしいね。

コソハネ
고소하네.

生臭い味がする。

ピリン マシ イッソ
비린 맛이 있어.

| 語句 | ・짜다 | チャダ | 塩辛い |
|------|--------|--------|--------|
| | ・달다 | タルダ | 甘い |
| | ・맵다 | メプタ | 辛い |
| | ・뒷맛 | ティンマッ | 後味 |
| | ・고소하다 | コソハダ | 香ばしい |

| 甘酸っぱい。 | セコムダルコメ<br>새콤달콤해. |
|---|---|
| 渋い。 | トルボ<br>떫어. |
| 淡白な味だね。 | マシ　タンベケ<br>맛이 담백해. |
| 味が薄いと思う。 | シンゴウン　ゴ　ガタ<br>싱거운 거 같아. |
| スープの味がすっきりしてる。 | クンムリ　ケウネ<br>국물이 개운해. |
| 辛みが効いておいしい。 | オルクナダ<br>얼큰하다. |
| 旨味があるね。 | カムチルマシ　インネ<br>감칠맛이 있네. |
| ピリッとした辛みがある。 | アルッサハン　マシ　ナ<br>알싸한 맛이 나. |
| 旨辛でおいしい。 | チャプチャラゴ　マシンネ<br>짭짤하고 맛있네. |

| 語句 | ・떫다 | ットルプダ | 渋い |
|---|---|---|---|
| | ・싱겁다 | シンゴプタ | 味が薄い |
| | ・국물 | クンムル | スープなどの汁 |
| | ・개운하다 | ケウナダ | すっきりする |
| | ・알싸하다 | アルサハダ | ピリッと辛い |

何だろう、この味。      <small>イゲ ムスン マシジ</small><br>
이게 무슨 맛이지?

何も味がしない。      <small>アム マット アンナ</small><br>
아무 맛도 안 나.

懐かしい味だわ。      <small>クリウン マシヤ</small><br>
그리운 맛이야.

私好みの味。      <small>ネ インマセ タン マジャ</small><br>
내 입맛에 딱 맞아.

ちょうどいい塩加減だね。      <small>カニ ッタック ジョッタ</small><br>
간이 딱 좋다.

めっちゃおいしい。      <small>クルマシダ</small><br>
꿀맛이다.

ご飯が進む味。      <small>パップトドゥギネ</small><br>
밥도둑이네.

おいしくない。〔まずい。〕      <small>マシ オプソ</small><br>
맛이 없어.

おいしい。      <small>マシッタ</small><br>
맛있다.

食事

| 語句 | | | |
|---|---|---|---|
| | ・맛 | マッ | 味 |
| | ・입맛 | インマッ | 嗜好（直訳は「口の味」） |
| | ・맞다 | マッタ | 合う |
| | ・꿀맛 | クルマッ | 蜜の味→美味 |
| | ・밥도둑 | パップトドゥック | ご飯泥棒 |

# 3

# 料理

　料理で使うことばは、調味料から下ごしらえ、調理方法まで様々な表現があります。

　キムチを漬ける場面では友達に料理を教えるようなフレーズにしてみました。表現法をしっかりマスターして、韓国の友人に日本の料理を教えてみてはいかがでしょうか。

## 料理

| | |
|---|---|
| ご飯、炊かなきゃ。 | パップ アンチョヤジ<br>밥 안쳐야지. |
| ラーメン作ろうか？ | ラミョン クリルカ<br>라면 끓일까? |
| 魚を焼こうかな。 | センソン クウルカ<br>생선 구울까? |
| 炒めてあげようか？ | ポカジュルカ<br>볶아줄까? |
| 野菜は湯通しして。 | チェソヌン サルチャック デチョ<br>채소는 살짝 데쳐. |
| 揚げると何でもおいしい。 | ティギミョン タ マシッソ<br>튀기면 다 맛있어. |
| サツマイモを蒸す？ | コグマ チルカ<br>고구마 찔까? |
| ゆでる？ | サルムルカ<br>삶을까? |
| じっくり煮込まないと。 | ップク コアヤヘ<br>푹 고아야해. |

料理

| 語句 | · 라면 | ラミョン | ラーメン |
|---|---|---|---|
| | · 생선 | センソン | 魚 |
| | · 볶다 | ポクタ | 炒める |
| | · 채소 | チェソ | 野菜 |
| | · 튀기다 | ッティギダ | 揚げる |

| 肉を大きめに切って… | <ruby>고<rt>コギルル</rt></ruby>기를 <ruby>큼<rt>クムジカゲ</rt></ruby>직하게 <ruby>썰<rt>ッソロソ</rt></ruby>어서… |
|---|---|
| 味つけをしなくちゃ。 | <ruby>양념을<rt>ヤンニョムル</rt></ruby> <ruby>해야지<rt>ヘヤジ</rt></ruby>. |
| オーブンで焼こう。 | <ruby>오븐에<rt>オブネ</rt></ruby> <ruby>굽자<rt>クップチャ</rt></ruby>. |
| チゲにしよう。 | <ruby>찌개를<rt>ッチゲルル</rt></ruby> <ruby>끓여야겠다<rt>クリョヤゲッタ</rt></ruby>. |
| 塩加減をみてくれる？ | <ruby>간<rt>カンジョム</rt></ruby> 좀 <ruby>봐줘<rt>バジョ</rt></ruby>. |
| 塩が足りないかな？ | <ruby>소금이<rt>ソグミ</rt></ruby> <ruby>부족한가<rt>プジョカンガ</rt></ruby>? |
| 入れすぎた。 | <ruby>너무<rt>ノム</rt></ruby> <ruby>많이<rt>マニ</rt></ruby> <ruby>넣었어<rt>ノオッソ</rt></ruby>. |
| 溶き卵を入れようかな。 | <ruby>계란을<rt>ケラヌル</rt></ruby> <ruby>하나<rt>ハナ</rt></ruby> <ruby>풀어<rt>プロ</rt></ruby> <ruby>넣을까<rt>ノウルカ</rt></ruby>? |
| リンゴむいて。 | <ruby>사과<rt>サガ</rt></ruby> <ruby>깎아줘<rt>カカジョ</rt></ruby>. |
| ミカンむいて。 | <ruby>귤<rt>キュル</rt></ruby> <ruby>까줘<rt>ッカジョ</rt></ruby>. |

| 語句 | ・고기 | コギ | 肉 |
|---|---|---|---|
| | ・썰다 | ッソルダ | （食材）を切る |
| | ・계란 | ケラン | 卵 |
| | ・깎다 | カクタ | （皮などを刃物で）むく、削る |
| | ・까다 | ッカダ | （皮などを手で）むく |

料理

| 魚は切れ目を入れてから… | センソヌン カルチブル ネソ<br>생선은 칼집을 내서… |
| 塩をふってあげてね。 | ソグムル ップリョ ジョ<br>소금을 뿌려 줘. |
| 味が染みるようにしばらくおいて… | カニ チャル ベドロック ジャムシ ドゥオッタガ<br>간이 잘 배도록 잠시 두었다가… |
| フライパンに入れて… | プライペネ オルリョソ<br>프라이팬에 올려서… |
| 油を多めに引いて… | キルムル ノンノキ ドゥルゴ<br>기름을 넉넉히 두르고… |
| 焼き色がつくまで焼けばいいの。 | ノルンノルタゲ クウミョン デ<br>노릇노릇하게 구우면 돼. |
| 火が強すぎる。 | プリ ノム セダ<br>불이 너무 세다. |
| 火を弱めて。 | プル ジョム チュリョ<br>불 좀 줄여. |
| 中火でじっくり火を通すとおいしい。 | チュンブルロ チョンチョニ イキミョン マシッソ<br>중불로 천천히 익히면 맛있어. |
| ちょっと焦げてる。 | チョム タンネ<br>좀 탔네. |

| 語句 | ・소금을 뿌리다 | ソグムル プリダ | 塩をふる |
| | ・기름을 두르다 | キルムル トゥルダ | 油を回し入れる |
| | ・넉넉히 | ノンノキ | 多めに |
| | ・익히다 | イッキダ | 火を通す、熟成させる |

## キムチを漬ける

|  |  |
|---|---|
| キムチを漬けてみようか？ | キムチルル ダンガボルカ<br>김치를 담가볼까? |
| 白菜を半分に割って… | ペチュヌン バヌロ ガルラソ<br>배추는 반으로 갈라서… |
| 塩をふって浅漬けにするの。 | ソグム プリョソ チョリョ<br>소금 뿌려서 절여. |
| 塩漬けが大事なのよ。 | ペチュ ジョリギガ チュンヨヘ<br>배추 절이기가 중요해. |
| 塩漬け白菜は水気を切って置いてね。 | チョリン ペチュヌン ムルキルル ペ ナ<br>절인 배추는 물기를 빼 놔. |
| 大根は千切りにして… | ムヌン チェッソルゴ<br>무는 채썰고… |
| ねぎは食べやすい大きさに切って。 | バヌン モッキ ジョッケッ ソロ<br>파는 먹기 좋게 썰어. |
| まず出汁を作って… | モンジョ ユックスル ネソ<br>먼저 육수를 내서… |
| 糊を作らなければならないの。 | プルル ッスオヤ ヘ<br>풀을 쑤어야 해. |

---

| 語句 | | | |
|---|---|---|---|
| | ・김치를 담그다 | キムチルル タムグダ | キムチを漬ける |
| | ・배추 | ペチュ | 白菜 |
| | ・절이다 | チョリダ | （塩などに）漬ける |
| | ・물기 | ムルキ | 水気 |
| | ・채썰다 | ッチェソルダ | 千切りする |

ニンニク、ショウガは
みじん切りにして…

マヌル　センガンウン　タジゴ
마늘 생강은 다지고…

梨と玉ねぎはすりおろ
してね。

ペラン　ヤンパヌン　ガラジョ
배랑 양파는 갈아줘.

調味料は砂糖、塩、塩辛。

チョミリョヌン　ソルタン　ソグム　エクチョッ
조미료는 설탕, 소금, 액젓.

唐辛子粉は好みの量を
入れて…

コチュカルヌン　チヒャンデロ　ノッコ
고춧가루는 취향대로 넣고…

これを全部混ぜて、
薬味を作るの。

イゴルル　タ　ソッコソ　ソルル　マンドゥロ
이걸 다 섞어서 소를 만들어.

葉っぱの間に薬味を
入れるのよ。

ペチュンニップ　サイエ　ソルル　ノンヌンゴヤ
배춧잎 사이에 소를 넣는거야.

重ねて容器に入れると
おしまい。

チャゴック　チャゴック　ヨンギエ　ダムミョン　ックッ
차곡차곡 용기에 담으면 끝.

おいしい白菜キムチの
完成。

マシンヌン　ペチュキムチ　ワンソン
맛있는 배추김치 완성.

| 語句 | ・다지다 | タジダ | みじん切りする |
|------|---------|--------|----------------|
|      | ・조미료 | チョミリョ | 調味料 |
|      | ・섞다 | ソクタ | 混ぜる |
|      | ・만들다 | マンドゥルダ | 作る |
|      | ・담다 | タムタ | （容器・器に）入れる |

# 洗濯・掃除・
# 後片づけ

　食事の片づけ、掃除、洗濯などの家事にはたくさんのことばがあります。手伝ってもらうときや、ひとりのつぶやきにも使えることばです。

## 食事の後片づけ

片づけよう。

チウジャ
치우자.

テーブル拭いて。

サン ダッカ
상 닦아.

後片づけしなきゃ。

ソルゴジ ヘヤジ
설거지 해야지.

水につけといて。

ムレ ダンガ ナ
물에 담가 놔.

食洗器に入れて。

シッキ セチョッキエ ノオ
식기 세척기에 넣어.

洗い物、多いね。

シスル ケ マンネ
씻을 게 많네.

そんなにないよ。

オルマ アン デ
얼마 안 돼.

洗い物、手伝って。

ソルゴジ チョム ドワジョ
설거지 좀 도와줘.

今日は誰の番？

オヌル ヌグ チャレジ
오늘 누구 차례지?

洗濯・掃除・後片づけ

| 語句 | ・상 | サン | テーブル、ちゃぶ台 |
|---|---|---|---|
| | ・설거지 | ソルゴジ | 後片づけ、食事の洗い物 |
| | ・식기세척기 | シッキセチョッキ | 食器洗浄機 |
| | ・넣다 | ノッタ | 入れる |
| | ・씻다 | シッタ | 洗う |

67

きれいにすすいでね。 　깨끗이 헹궈.
　　　　　　　　　　　　ケクン　　ヘングォ

泡が残ってる。 　　　　거품이 남아있네.
　　　　　　　　　　　　コプミ　　ナマインネ

割れるよ、気をつけて。　깨질라, 조심해.
　　　　　　　　　　　　ケジルラ　　チョシメ

皿を拭いて。 　　　　　접시 좀 닦아줘.
　　　　　　　　　　　　チョプシ チョム タカジョ

拭いて、入れて。 　　　닦아서 넣어줘.
　　　　　　　　　　　　タカソ　　ノオジョ

**掃除**

お部屋、掃除しよう。 　방 청소 하자.
　　　　　　　　　　　　パン チョンソ ハジャ

上にある物、整理して。　위에 좀 정리해.
　　　　　　　　　　　　ウィエ チョム チョンリヘ

なんでこれがここにあるの？ 이게 왜 여기 있니?
　　　　　　　　　　　　イゲ　　ウェ　ヨギ　インニ

元の場所に戻して。 　　제자리에 갖다 둬.
　　　　　　　　　　　　チェジャリエ　　ガッタ　ド

| 語句 | ・깨끗이 | ケクシ | きれいに |
|------|---------|--------|----------|
| | ・헹구다 | ヘングダ | すすぐ、ゆすぐ |
| | ・깨지다 | ケジダ | 割れる |
| | ・방 | パン | 部屋 |
| | ・청소 | チョンソ | 掃除 |

これ、ちょっと片づけて。
イゴ　チョム　チウォジョ
이거 좀 치워줘.

掃除機かけるね。
チョンソギ　ドルリルケ
청소기 돌릴게.

ホコリが多いね。
モンジガ　マンネ
먼지가 많네.

ホコリをはたいて。
モンジ　チョム　トロ
먼지 좀 털어.

ホコリが舞うよ、そっとね。
モンジ　ナルリョ　サルサル
먼지 날려, 살살.

床が汚い。
パダギ　ドロウォ
바닥이 더러워.

雑巾がけしなきゃ。
コルレジル　ヘヤゲッソ
걸레질 해야겠어.

消えないな。
アン　ジウォジネ
안 지워지네.

洗剤で拭いて。
セジェロ　タカ
세제로 닦아.

ゴミ箱を空けて。
ッスレギトン　ピウゴ
쓰레기통 비우고.

洗濯・掃除・後片づけ

| 語句 | | | |
|---|---|---|---|
| | ・청소기 | チョンソギ | 掃除機 |
| | ・청소기를 돌리다 | チョンソギルル トルリダ | 掃除機をかける |
| | ・걸레질 | コルレジル | 雑巾がけ |
| | ・쓰레기통 | スレギトン | ゴミ箱 |
| | ・비우다 | ピウダ | 空ける、空にする |

| 洗濯物ある？ | パルレハル コ イッソ<br>빨래할 거 있어? |
| --- | --- |
| 洗濯物、出して。 | パルレコリ ネナ<br>빨랫거리 내놔. |
| 洗濯機を回すよ。 | セタッキ ドルリル コヤ<br>세탁기 돌릴 거야. |
| これは手洗いしないと。 | イゴン ソンパルレヘヤ デ<br>이건 손빨래해야 돼. |
| 色落ちがすごいわ。 | ムリ マニ パジネ<br>물이 많이 빠지네. |
| 色移りしたら、どうしよう？ | イヨムデミョン オッチョジ<br>이염되면 어쩌지? |
| 洗濯物を干そう。 | パルレ ノルジャ<br>빨래 널자. |
| ちゃんと乾くかな？ | チャル マルルカ<br>잘 마를까? |
| しっかり絞って干してね。 | ッコク チャソ ノロ<br>꼭 짜서 널어. |

| 語句 | ・빨래 | パルレ | 洗濯・洗濯物 |
| --- | --- | --- | --- |
| | ・빨랫거리 | パルレコリ | 洗濯する物 |
| | ・세탁기 | セタッキ | 洗濯機 |
| | ・널다 | ノルダ | 干す |
| | ・마르다 | マルダ | 乾く |

ハンガーに掛けて干してね。

<ruby>옷<rt>オッコリエ</rt></ruby>걸이에 <ruby>걸<rt>コロソ</rt></ruby>어서 <ruby>널<rt>ノロ</rt></ruby>어.

やっぱり乾燥機に入れよう。

<ruby>건<rt>コンジョギエ</rt></ruby>조기에 <ruby>넣<rt>ノオヤゲッタ</rt></ruby>어야겠다.

生乾きの匂いがする。

<ruby>쿰<rt>クムクマン</rt></ruby>쿰한 <ruby>냄<rt>ネムセガ</rt></ruby>새가 <ruby>나<rt>ナ</rt></ruby>.

まだ乾いてない。

<ruby>아직<rt>アジック</rt></ruby> <ruby>안<rt>アン</rt></ruby> <ruby>말랐어<rt>マルラッソ</rt></ruby>.

パリっと乾いたね。

<ruby>바짝<rt>パッチャク</rt></ruby> <ruby>잘<rt>チャル</rt></ruby> <ruby>말랐네<rt>マルランネ</rt></ruby>.

洗濯物を取り込まなきゃ。

<ruby>빨래<rt>パルレ</rt></ruby> <ruby>걷어야지<rt>コドヤジ</rt></ruby>.

アイロンをかけなきゃ。

<ruby>다림질해야겠어<rt>タリムジルヘヤゲッソ</rt></ruby>.

ちゃんとシワをのばしてね。

<ruby>주름<rt>チュルム</rt></ruby> <ruby>잘<rt>チャル</rt></ruby> <ruby>펴고<rt>ピョゴ</rt></ruby>.

洗濯物をたたもう。

<ruby>빨래<rt>パルレ</rt></ruby> <ruby>개자<rt>ケジャ</rt></ruby>.

たたんで引き出しにしまって。

<ruby>개서<rt>ケソ</rt></ruby> <ruby>서랍에<rt>ソラベ</rt></ruby> <ruby>넣어<rt>ノオ</rt></ruby>.

洗濯・掃除・後片づけ

| 語句 | | | |
|---|---|---|---|
| | ・옷걸이 | オッコリ | ハンガー |
| | ・걸다 | コルダ | 掛ける |
| | ・건조기 | コンジョギ | 乾燥機 |
| | ・다림질 | タリムジル | アイロンがけ |
| | ・개다 | ケダ | (衣類を) たたむ |

# 5

# 部屋の中

　ドア、窓、水回り、家電、電話など、部屋の中の様々な
ものにまつわる動作のフレーズです。

## 窓・ドア

窓をちょっと開けて。

チャンムン チョム ヨロジョ
창문 좀 열어줘.

全開にしといてね。

ファルチャック ヨロ ナ
활짝 열어 놔.

換気をしよう。

ファンギハジャ
환기하자.

網戸は閉めといて。

パンチュンマンウン ダダ ナ
방충망은 닫아 놔.

カーテン閉めて。

コトゥン タダ
커튼 닫아.

ブラインドを上げようか？

ブラインドゥ オルリルカ
블라인드 올릴까?

ブラインドを下ろして。

ブラインドゥ ネリョジョ
블라인드 내려줘.

部屋のドアは静かに閉めて。

パンムン サルサル ダダ
방문 살살 닫아.

玄関の戸締まりしたっけ？

ヒョンガンムン チャンガンナ
현관문 잠갔나?

| 語句 | | | |
|---|---|---|---|
| ・창문 | チャンムン | 窓 | |
| ・열다 | ヨルダ | 開ける | |
| ・닫다 | タッタ | 閉める、閉じる | |
| ・방충망 | パンチュンマン | 網戸〔防虫網〕 | |
| ・올리다 | オルリダ | 上げる | |
| ・내리다 | ネリダ | 下ろす、下げる | |
| ・현관문 | ヒョンガンムン | 玄関のドア | |

テレビつけて。

<ruby>티브이<rt>ティブイ</rt></ruby> <ruby>켜봐<rt>キョバ</rt></ruby>.

티브이 켜봐.

テレビ消して。

티브이 꺼라.

他のチャンネルに変えて。

딴 데 틀어봐.

チャンネル変えないで。

채널 돌리지 마.*¹

ちょっとボリューム上げて。

소리 좀 크게 해 봐.

ボリューム下げて。

소리 좀 줄여.

何チャンネル？

어디서 해?

ドラマは何時から？

드라마 몇 시부터니?

何時からだっけ？

몇 시부터더라?

| 語句 | ・티브이 | ティブイ | テレビ |
|---|---|---|---|
| | ・켜다 | キョダ | （電源を入れて）つける |
| | ・채널 | チェノル | チャンネル |
| | ・돌리다 | トルリダ | 回す、回転させる |
| | ・드라마 | トゥラマ | ドラマ |

＊1 「채널 돌리다」は「チャンネルを（物理的に）回す」という意味もありますが、リモコン時代の現代にチャンネルをガチャガチャ回す言葉が残っているのではなく、ここでの「돌리다」は「変える・転換する」という意味。

| おもしろい？ | ジェミッソ<br>재밌어? |
| おもしろいって。 | ジェミイッタドラ<br>재미있다더라. |
| その番組、人気だよ。 | グ　プロ　インキヤ<br>그 프로 인기야. |
| 絶対観なきゃ。 | ッコク　バヤ　ヘ<br>꼭 봐야 해. |
| 楽しみに待ってたのよ。 | オルマナ　キダリョンヌンデ<br>얼마나 기다렸는데. |
| 一緒に観よう。 | ガチ　ボジャ<br>같이 보자. |
| 映画、観る？ | ヨンファ　ボルカ<br>영화 볼까? |
| 録画できる？ | ノッカ　デ<br>녹화 돼? |
| （テレビは）もう消して。 | クマン　バ<br>그만 봐. |

| 語句 | ・프로(프로그램) | プロ（プログラム） | 番組、プログラム |
|---|---|---|---|
| | ・인기 | インキ | 人気 |
| | ・영화 | ヨンファ | 映画 |
| | ・녹화 | ノッカ | 録画 |
| | ・그만～ | クマン | ～することを終える |

インターフォン鳴った？　　　イントポン ウルリョッソ
　　　　　　　　　　　　　　인터폰 울렸어?

誰か来たのかしら？　　　　　ヌグ　ワンナ
　　　　　　　　　　　　　　누구 왔나?

デリバリー来た。　　　　　　ペダル　ワンネ
　　　　　　　　　　　　　　배달 왔네.

宅急便が来たみたい。　　　　テックペ　ワンナ　バ
　　　　　　　　　　　　　　택배 왔나 봐.

誰か出て。　　　　　　　　　ヌグ　ナガバ
　　　　　　　　　　　　　　누구 나가봐.

電話だよ。　　　　　　　　　チョナ　ワッソ
　　　　　　　　　　　　　　전화 왔어.

電話に出て。　　　　　　　　チョナ　バダ
　　　　　　　　　　　　　　전화 받아.

ちょっと出て。　　　　　　　チョム バダバ
　　　　　　　　　　　　　　좀 받아봐.

あとで電話するって伝えて。　イッタ　ジョナハンダ　グレ
　　　　　　　　　　　　　　이따 전화한다 그래.

| 語句 | | | |
|---|---|---|---|
| | ・인터폰 | イントポン | インターフォン |
| | ・울리다 | ウルリダ | 鳴る |
| | ・택배 | ッテクペ | 宅急便、宅配 |
| | ・전화 | チョナ | 電話 |
| | ・(전화를)받다 | (チョナルル)パッタ | (電話に)出る、受ける |

76

## くつろぐ

コーヒーを飲もうかな？

コピ　マシルカ
커피 마실까?

お茶にしようか？

チャ　ハン　ジャン　マシルカ
차 한 잔 마실까?

コーヒー淹れて。

コピ　チョム　ックリョジョ
커피 좀 끓여줘.

どこかにクッキーがあるはず
だけど…

オディ　ックッキガ　イッスルテンデ
어디 쿠키가 있을텐데…

何か、ない？

モ　オップソ
뭐 없어?

本でも読むか。

チェギナ　イルゴボルカ
책이나 읽어볼까.

どこまで読んだっけ。

オディッカジ　イルゴットラ
어디까지 읽었더라.

注文したカップが届いた。

チュムナン　コピ　ワンネ
주문한 컵이 왔네.

音楽かけて。

ウマック　トゥロバ
음악 틀어봐.

楽しい曲で。

チョム　シンナヌン　ゴルロ
좀 신나는 걸로.

| 語句 | | |
|------|------|------|
| ・커피 | コピ | コーヒー |
| ・차 | チャ | 茶 |
| ・커피를 끓이다 | コピルル クリダ | コーヒーを淹れる |
| ・음악 | ウマック | 音楽 |
| ・신나다 | シンナダ | 楽しい |

77

# 6

# 探し物・物忘れ

　置いた物、しまったはずの物が見あたらない探し物、うっかり物忘れの場面は生活の中でしばしばありますね。
　独り言や、家族に聞いたりする表現などです。

## 忘れ物・探し物

あれ、どこだっけ？
クゴ　オディッチ
그거 어딨지?

どこに置いたっけ？
オディダ　ナッチ
어디다 놨지?

どこに行った？
オディ　ガッチ
어디 갔지?

私のメガネ、知らない？
ネ　アンギョン　モッ　パッソ
내 안경 못 봤어?

ここに置いたはずだけど…
ヨギ　ノオ　ドゥンゴ　ガトゥンデ
여기 넣어 둔 거 같은데…

どこかで見たはずなんだけど…
オディソ　ポンゴ　ガトゥンデ
어디서 본 거 같은데…

ついさっき、ここにあったのに…
パングム　ヨギ　イッソンヌンデ
방금 여기 있었는데…

ちゃんとしまったんだけど…
チャル　ナドンヌンデ
잘 놔뒀는데…

足でもついてるのかしら？
パリ　ダルリョンナ
발이 달렸나?

| 語句 | ・그거 | クゴ | あれ、それ |
|---|---|---|---|
| | ・내 | ネ | 私の |
| | ・안경 | アンギョン | メガネ |
| | ・~거 같다 | ゴ ガッタ | ~のようだ、~だと思う |
| | ・발 | パル | 足 |

| 変だな。 | <ruby>이상하다<rt>イサンハダ</rt></ruby>. |
|---|---|
| 私の携帯を鳴らしてみて。 | <ruby>내 핸드폰 좀 울려봐<rt>ネ ヘンドゥポン チョム ウルリョバ</rt></ruby>. |
| 最後に見たの、いつだっけ？ | <ruby>마지막에 본 게 언제더라<rt>マジマゲ ポン ゲ オンジェドラ</rt></ruby>? |
| 間違えて捨てちゃった？ | <ruby>실수로 버렸나<rt>シルスロ ポリョンナ</rt></ruby>? |
| どこかに落とした？ | <ruby>어디 떨어뜨렸나<rt>オディ ットロトゥリョンナ</rt></ruby>? |
| 見つからないな。 | <ruby>못 찾겠네<rt>モッ チャックンネ</rt></ruby>. |
| なくしちゃったみたい。 | <ruby>잃어버렸나 봐<rt>イロボリョンナバ</rt></ruby>. |
| 一緒に探してちょうだい。 | <ruby>같이 좀 찾아줘<rt>ガチ チョム チャジャジョ</rt></ruby>. |
| 見たら言ってね。 | <ruby>보면 얘기해줘<rt>ポミョン イェギヘジョ</rt></ruby>. |
| どこかでひょいっと出てくるさ。 | <ruby>어디 나오겠지. 뭐<rt>オディ ナオゲッチ モ</rt></ruby>. |

| 語句 | ・핸드폰 | ヘンドゥポン | 携帯電話 |
|---|---|---|---|
| | ・실수 | シルス | ミス、手落ち |
| | ・떨어뜨리다 | トロトゥリダ | 落とす |
| | ・잃어버리다 | イロボリダ | なくす |
| | ・찾다 | チャッタ | 探す、見つける |

80

## 物忘れ

探し物・物忘れ

| 日本語 | 韓国語（読み） |
|---|---|
| パスワード忘れた。 | ピミルボノ ッカモゴッソ<br>비밀번호 까먹었어. |
| どこかに書いておいたんだけど。 | オディ ッソナンウンデ<br>어디 써났는데. |
| うっかり忘れてた。 | ッカンパケンネ<br>깜빡했네. |
| なんでそれを忘れてたんだろう？ | クゴルル ウェ イジョボリョッチ<br>그걸 왜 잊어버렸지? |
| すっかり忘れていたわ。 | カマッケ イッコ イッソッソ<br>까맣게 잊고 있었어. |
| 忘れて来た。 | イジョボリゴ アン ガジョワッソ<br>잊어버리고 안 가져왔어. |
| カン違いしたみたい。 | チャカケンナ バ<br>착각했나 봐. |
| 間違えて覚えてた。 | チャルモッ アルゴ イッソッソ<br>잘못 알고 있었어. |
| 最近、物忘れがひどいの。 | ヨセ カンパクカムパケ<br>요새 깜빡깜빡해. |

| 語句 | | | |
|---|---|---|---|
| ・비밀번호 | ピミルボノ | 暗証番号、パスワード | |
| ・까먹다 | カモクタ | 忘れる〔カジュアル表現〕 | |
| ・깜빡하다 | カンパッカダ | うっかりする | |
| ・착각하다 | チャッカッカダ | カン違いする、錯覚する | |
| ・요새 | ヨセ | 最近 | |

81

# 7

# 行ってきます・
# ただいま

　朝のあわただしい中での通学・通勤、ちょっとした「お出かけ」のときの会話や、帰宅のときの声がけなど、日々の暮らしでよく使う表現を集めました。

　ふだんパンマルでも「行ってきます、ただいま」のあいさつだけは丁寧語で話すこともあります。

行ってきます

出よう。
ナガジャ
나가자.

出るよ。
ナガヤジ
나가야지.

出る準備はできた？
ナガル チュンビ デッソ
나갈 준비 됐어?

早く用意して。
パルリ ジュンビ ヘ
빨리 준비 해.

すぐ行く。
ゴン ナガ
곧 나가.

先に出るね。
モンジョ ナガンダ
먼저 나간다.

忘れ物ない？
イジョボリン ゴ オプソ
잊어버린 거 없어?

行ってきます。
タニョオゲッスムニダ
다녀오겠습니다.

行って来るね。
タニョオルケ
다녀올게.

行って来るね。
カッタ オルケ
갔다 올게.

| 語句 | | | |
|---|---|---|---|
| ・준비 | チュンビ | 準備 | |
| ・빨리 | パルリ | 早く | |
| ・먼저 | モンジョ | 先に | |
| ・다녀오다 | タニョオダ | 行って来る | ※一つの単語 |
| ・갔다 오다 | カッタ オダ | 行って、来る | |

| | |
|---|---|
| 行ってらっしゃい。 | タニョワ<br>다녀와. |
| 行って来て。 | カッタ ワ<br>갔다 와. |
| 気をつけて行ってらっしゃい。 | チョシメソ タニョワ<br>조심해서 다녀와. |
| 車に気をつけて。 | チャ ジョシメ<br>차 조심해. |
| 傘を持って行って。 | ウサン カジョガラ<br>우산 가져가라. |
| 何時に出るの？ | ミョッシエ ナガ<br>몇 시에 나가? |
| 何時に帰るの？ | ミョッシエ ドゥロワ<br>몇 시에 들어와? |
| 早く帰ると思う。 | イルチック ドゥロオルコ ガタ<br>일찍 들어올 거 같아. |
| 今日はちょっと遅い。 | オヌルン チョム ヌジョ<br>오늘은 좀 늦어. |
| ご飯は食べて帰るの？ | パム モッコ オルコヤ<br>밥 먹고 올 거야? |

| 語句 | ・조심하다 | チョシマダ | 気をつける |
|---|---|---|---|
| | ・차 | チャ | 車 |
| | ・들어오다 | トゥロオダ | 帰る、入って来る |
| | ・오늘 | オヌル | 今日 |
| | ・늦다 | ヌッタ | 遅れる、遅い |

雨が降ったら迎えに行くね。

ピ オミョン マジュン ナガルケ
비 오면 마중 나갈게.

遅くなりそうなら連絡して。

ヌジュル コ ガトゥミョン ヨルラケ
늦을 거 같으면 연락해.

### ただいま

ただいま。

タニョワッスムニダ
다녀왔습니다.

帰った？

ドゥォロワッソ
들어왔어?

手洗いして入ってね。

ソン シッコ ドゥロワ
손 씻고 들어와.

早かったね。

イルチック ワンネ
일찍 왔네.

遅かったね。

ヌジョンネ
늦었네.

ご飯は食べた？

パブン モゴッソ
밥은 먹었어?

| 語句 | | | |
|---|---|---|---|
| ・비 | ピ | 雨 |
| ・마중 | マジュン | 迎え |
| ・연락하다 | ヨルラッカダ | 連絡する |
| ・손 | ソン | 手 |
| ・씻다 | シッタ | 洗う |

# 洗う・お手入れ

　手洗い、髪を洗う、体を洗う、シャワー、お風呂など、様々な洗うときの表現と、洗ったあとの会話、つぶやきなどを集めました。

手をきれいに洗ってね。 　　　ソン　ケクシ　ツシソラ
　　　　　　　　　　　　　　손 깨끗이 씻어라.

先に洗うね。 　　　　　　　モンジョ ツシンヌンダ
　　　　　　　　　　　　　　먼저 씻는다.

シャワーする。 　　　　　　シャウォハルコヤ
　　　　　　　　　　　　　　샤워할 거야.

顔を洗おう。 　　　　　　　セスヘヤジ
　　　　　　　　　　　　　　세수해야지.

頭を洗おう。 　　　　　　　モリ　　カマヤジ
　　　　　　　　　　　　　　머리 감아야지.

シャンプーが切れてる。 　　シャンプガ　トロジョッソ
　　　　　　　　　　　　　　샴푸가 떨어졌어.

リンスがない。 　　　　　　リンスガ　オムネ
　　　　　　　　　　　　　　린스가 없네.

足、臭い。 　　　　　　　　パル　ネムセ　ナンダ
　　　　　　　　　　　　　　발 냄새 난다.

ちゃんと石けん、つけてね。 ピヌチル　　チャレ
　　　　　　　　　　　　　　비누칠 잘해.

隅々まで洗ってね。 　　　　クソッククソック チャル ツシソ
　　　　　　　　　　　　　　구석구석 잘 씻어.

洗う・お手入れ

| 語句 | ・샤워 | シャウォ | シャワー |
|---|---|---|---|
| | ・머리(를)감다 | モリルル カムタ | 頭・髪(を)洗う |
| | ・샴푸 | シャンプ | シャンプー |
| | ・린스 | リンス | リンス |
| | ・비누칠 | ピヌチル | 石けんをつけること |

| | |
|---|---|
| お湯張りしてあげようか？ | モギョンムル パダジュルカ<br>목욕물 받아줄까? |
| タオル要る？ | スゴン カッタジョ<br>수건 갖다줘? |
| 脱いだ服は洗濯カゴに<br>入れてね。 | ポスン オスン ッパルレットンエ ノオラ<br>벗은 옷은 빨래통에 넣어라. |
| 濡れたタオルは干しといて。 | チョズン スゴヌン ノロナ<br>젖은 수건은 널어놔. |
| 水気はちゃんと拭いて。 | ムルキ チャル ッタカ<br>물기 잘 닦아. |
| 水がポトポト落ちてるよ。 | ムリ トゥクトゥク ットロジネ<br>물이 뚝뚝 떨어지네. |
| 髪の毛ちゃんと乾かしてね。 | モリ チャル マルリョ<br>머리 잘 말려. |
| 歯は磨いた？ | イッパル タッカンニ<br>이빨 닦았니? |
| 虫歯になるよ。 | イ ッソンヌンダ<br>이 썩는다. |

| 語句 | | | |
|---|---|---|---|
| | ・수건 | スゴン | タオル |
| | ・벗다 | ポッタ | 脱ぐ |
| | ・머리(를)말리다 | モリルル マルリダ | 髪（を）乾かす |
| | ・이빨 = 이 | イッパル イ | 歯 |
| | ・이(가) 썩다 | イガ ソクタ | 虫歯になる |

お手入れ

| 何か塗って。 | モ チヨム バルラ<br>뭐 좀 발라. |
|---|---|
| ヒゲは剃った？ | ミョンドヘッソ<br>면도했어? |
| パックが必要だな。 | ペ グル チヨム ヘヤゲッソ<br>팩을 좀 해야겠어. |
| 前髪が伸びすぎた。 | アンモリガ ノム ギロッソ<br>앞머리가 너무 길었어. |
| 髪を切らなきゃ。 | モリ チヨム チャルラヤジ<br>머리 좀 잘라야지. |
| 足の爪、だいぶ伸びたな。 | バルトビ マニ チャランネ<br>발톱이 많이 자랐네. |
| 爪を切ろう。 | ソントップ カカヤジ<br>손톱 깍아야지. |
| マニキュア塗ろうかな？ | メニキュオ バルルカ<br>매니큐어 바를까? |

| 語句 | ・바르다 | バルダ | 塗る、(肌に)つける |
|---|---|---|---|
| | ・앞머리 | アンモリ | 前髪 |
| | ・머리(를)자르다 | モリルル チャルダ | 髪(を)切る |
| | ・매니큐어 | メニキュオ | マニキュア |
| | ・자라다 | チャラダ | 伸びる、大きくなる |

# 9

# おやすみ

　「잠」という名詞があります。いろいろなことばと組み合わさって、睡眠、睡魔、眠気という意味になります。幼児語の「ねむねむ」という表現が一番近いかもしれません。
　また、「잠이 많아（体質的にたくさん寝るの）」、「잠을 줄여야 해（睡眠時間を減らさなきゃ）」などの表現もあります。

おやすみ

もう 10 時だ。

<ruby>벌써<rt>ボルッソ</rt></ruby> <ruby>10시네<rt>ヨルッシネ</rt></ruby>.

もうこんな時間？

<ruby>벌써<rt>ボルッソ</rt></ruby> <ruby>시간이<rt>シガニ</rt></ruby> <ruby>이렇게<rt>イロッケ</rt></ruby> <ruby>됐어<rt>デッソ</rt></ruby>?

寝る時間だわ。

<ruby>잘<rt>チャル</rt></ruby> <ruby>시간이네<rt>シガニネ</rt></ruby>.

もう寝なきゃ。

<ruby>그만<rt>クマン</rt></ruby> <ruby>자야지<rt>チャヤジ</rt></ruby>.

眠い。

<ruby>졸려<rt>チョルリョ</rt></ruby>.

眠くない。

<ruby>안<rt>アン</rt></ruby> <ruby>졸려<rt>チョルリョ</rt></ruby>.

眠い。

<ruby>잠이<rt>チャミ</rt></ruby> <ruby>와<rt>ワ</rt></ruby>.

眠れない。

<ruby>잠이<rt>チャミ</rt></ruby> <ruby>안<rt>アナ</rt></ruby> 와.

眠気が飛んじゃった。

<ruby>잠이<rt>チャミ</rt></ruby> <ruby>달아났어<rt>ダラナッソ</rt></ruby>.

早く寝ないと…

<ruby>빨리<rt>ッパルリ</rt></ruby> <ruby>자야<rt>チャヤ</rt></ruby> <ruby>하는데<rt>ハヌンデ</rt></ruby>…

| 語句 | | | |
|------|------|--------|------------------|
| ・벌써 | ボルソ | もう | |
| ・〜ㄹ 시간 | ル シガン | 〜する時間 | |
| ・자다 | チャダ | 寝る、眠る | |
| ・졸리다 | チョルリダ | 眠い | |
| ・잠이 오다 | チャミ オダ | 睡魔がやってくる | |

| 早寝しないと早起きできないよ。 | イルチック チャヤ イルチック イロナジ<br>일찍 자야 일찍 일어나지. |
| 明日、何時に起きるの？ | ネイル ミョッシエ イロナルコヤ<br>내일 몇 시에 일어날 거야? |
| 起こそうか？ | ッケウォジョ<br>깨워줘? |
| 何時に起こす？ | ミョッシエ ッケウォジュルカ<br>몇 시에 깨워줄까? |
| アラーム、セットして。 | アルラム マチョナ<br>알람 맞춰놔. |
| 自力で起きてね。 | アラソ イロナ<br>알아서 일어나. |
| ゲームはおしまいにして。 | ケイム クマナゴ<br>게임 그만하고. |
| テレビはおしまいにして。 | ティブイ クマン ボゴ<br>티브이 그만 보고. |
| レンズは外して寝なさい。 | レンズ ッペゴ チャラ<br>렌즈 빼고 자라. |

| 語句 | ・내일 | ネイル | 明日 |
|---|---|---|---|
| | ・깨우다 | ケウダ | 起こす |
| | ・맞추다 | マッチュダ | （時間などを）合わせる |
| | ・게임 | ケイム | ゲーム |
| | ・빼다 | ペダ | はずす、抜く |

髪を乾かして寝なさい。 <ruby>머리<rt>モリ</rt></ruby> <ruby>말리고<rt>マルリゴ</rt></ruby> <ruby>자라<rt>チャラ</rt></ruby>.

歯みがきして寝なさい。 <ruby>양치질하고<rt>ヤンチジルハゴ</rt></ruby> <ruby>자<rt>ジャ</rt></ruby>.

電気は消して寝て。 <ruby>불<rt>ブル</rt></ruby> <ruby>끄고<rt>クゴ</rt></ruby> <ruby>자<rt>ジャ</rt></ruby>.

電気消すよ。 <ruby>불<rt>ブル</rt></ruby> <ruby>끈다<rt>クンダ</rt></ruby>.

早く寝なさい。 <ruby>얼른<rt>オルルン</rt></ruby> <ruby>자<rt>ジャ</rt></ruby>.

もう寝なさい。 <ruby>그만<rt>クマン</rt></ruby> <ruby>자<rt>ジャ</rt></ruby>.

寝よう。 <ruby>자자<rt>チャジャ</rt></ruby>.

おやすみ。 <ruby>잘<rt>チャル</rt></ruby> <ruby>자<rt>ジャ</rt></ruby>.

ぐっすりおやすみ。 <ruby>푹<rt>プック</rt></ruby> <ruby>자<rt>チャ</rt></ruby>.

おやすみ

| 語句 | ・양치질 | ヤンチジル | 歯みがき |
|---|---|---|---|
| | ・불(을) 끄다 | プルル クダ | 電気を消す |
| | ・얼른 | オルルン | 早く、速やかに |
| | ・푹 | プック | ぐっすり |

# Lesson 3

# エンタテインメント

映画、音楽、ゲーム、公演・イベントなどの娯楽、SNS
などでよく使われるフレーズです。

# 1

# 映画・ドラマ・バラエティー

　テレビなどの地上波放送のみならず、定額制の Netflix や U-NEXT、Hulu など VOD（ビデオ・オンデマンド：動画配信サイト）から視聴することも多くなりました。好きな番組、興味のあるコンテンツについての表現を集めました。

映画・ドラマ・バラエティー

| 昨日の観た？ | <ruby>어제<rt>オジェ</rt></ruby> <ruby>거<rt>コ</rt></ruby> <ruby>봤어<rt>パッソ</rt></ruby>? |
|---|---|
| 見てない。 | <ruby>안<rt>アン</rt></ruby> <ruby>봤어<rt>パッソ</rt></ruby>. |
| 見られなかった。 | <ruby>못<rt>モ</rt></ruby> <ruby>봤어<rt>パッソ</rt></ruby>. |
| 再放送はいつ？ | <ruby>재방송<rt>チェバンソン</rt></ruby> <ruby>언제야<rt>オンジェヤ</rt></ruby>? |
| VOD で観られる？ | VOD<ruby>로<rt>ロ</rt></ruby> <ruby>볼<rt>ボル</rt></ruby> <ruby>수<rt>ス</rt></ruby> <ruby>있나<rt>インナ</rt></ruby>? |
| 主に何で観てる？ | <ruby>주로<rt>チュロ</rt></ruby> <ruby>뭐로<rt>モロ</rt></ruby> <ruby>봐<rt>バ</rt></ruby>? |
| うちは Netflix で。 | <ruby>우리<rt>ウリ</rt></ruby> <ruby>집은<rt>ジブン</rt></ruby> <ruby>넷플릭스<rt>ネップリックス</rt></ruby>. |
| Netflix を利用してる？ | <ruby>넷플릭스<rt>ネップリックス</rt></ruby> <ruby>구독해<rt>クドケ</rt></ruby>? |
| うん、ちょっと高いけど… | <ruby>어<rt>オ</rt></ruby>, <ruby>좀<rt>チョム</rt></ruby> <ruby>비싸긴<rt>ピッサギン</rt></ruby> <ruby>한데<rt>ハンデ</rt></ruby>… |
| 韓国ドラマや映画が多いから。 | <ruby>한국<rt>ハングク</rt></ruby> <ruby>드라마나<rt>ドゥラマナ</rt></ruby> <ruby>영화가<rt>ヨンファガ</rt></ruby> <ruby>많아서<rt>マナソ</rt></ruby>. |

| 語句 | | | |
|---|---|---|---|
| | ・어제 | オジェ | 昨日 |
| | ・안〜 | アン | 〜しない |
| | ・재방송 | チェバンソン | 再放送 |
| | ・〜수 있다 | スイッタ | 〜できる |
| | ・〜나？ | ナ | 〜する？〔目下の人に尋ねる表現〕 |
| | ・구독 | クドック | サブスクリプション等の利用、登録 |

| | |
|---|---|
| バラエティーもあるし。 | イェヌンプロド　イッコ<br>예능프로도 있고. |
| 字幕があるからいいよね。 | ジャマギ　イッスニカ　チョア<br>자막이 있으니까 좋아. |
| 最近どんなドラマが<br>おもしろい？ | ヨズム　ムスン　ドゥラマガ　チェミッソ<br>요즘 무슨 드라마가 재밌어? |
| シーズン2、やらないかな？ | シズン トゥ アン ハナ<br>시즌 2 안 하나? |
| ソン・ジュンギの出てる<br>映画観た？ | ソンジュンギ ナオヌン　ヨンファ バッソ<br>송중기 나오는 영화 봤어? |
| ドンピシャの当たり役だ<br>よね。 | ワンジョン インセン ッケリクトドラ<br>완전 인생 캐릭터더라. |
| 本当におかしいの。 | ノム　ウッキョ<br>너무 웃겨. |
| 料理番組は欠かさず観てる。 | ヨリプロヌン　ッコク チェンギョバ<br>요리프로는 꼭 챙겨봐. |
| この人が作ってるものは<br>だいたい悪くない。 | イ　サラミ　マンドゥヌン　ゴ テブブン<br>이 사람이 만드는 거 대부분<br>ボルマンネ<br>볼만해. |

| 語句 | ・예능 | イェヌン | 芸能、バラエティー |
|---|---|---|---|
| | ・자막 | チャマック | 字幕 |
| | ・인생 캐릭터 | インセン ッケリクト | (俳優)人生で最もピッタリ<br>のキャラクター |
| | ・챙겨보다 | チェンギョボダ | 欠かさず観る |

| そうだ、あの映画、賞もらったよね。 | チャム ク ヨンファ サン パダットンデ<br>참, 그 영화 상 받았던데. |
|---|---|
| 助演女優賞をもらった。 | ヨウ ジョヨンサン パダッソ<br>여우 조연상 받았어. |
| やっぱり演技うまいよね。 | ヨクシ ヨンギルル チャレ<br>역시 연기를 잘해. |
| あれもおもしろかった。 | クゴット チェミットラ<br>그것도 재밌더라. |
| ぜひ観てほしい。 | ッコク ハン ボン パパ<br>꼭 한 번 봐봐. |
| YouTubeで観られるよ。 | ユティユブロ ボル ス イッソ<br>유튜브로 볼 수 있어. |
| 最近いいコンテンツが多いよね。 | ヨズム チョウン コンテンツガ マナ<br>요즘 좋은 콘텐츠가 많아. |
| YouTubeライブ配信を観てる？ | ユティユブ ライブ パンソン パ<br>유튜브 라이브 방송 봐? |
| 好きな芸能人のはチェックしてるよ。 | チョアハヌン ヨネイン コヌン チェクハジ<br>좋아하는 연예인 거는 체크하지. |
| いつ配信するの？ | オンジェ コンゲヘ<br>언제 공개해? |

映画・ドラマ・バラエティー

| 語句 | ・참 | チャム | ところで、そうだ〔話題の転換〕 |
|---|---|---|---|
| | ・받다 | パッタ | もらう、受け取る |
| | ・연예인 | ヨネイン | 芸能人 |
| | ・공개하다 | コンゲハダ | 配信する、公開する |

# K-POP

　K-POP 限定ではありませんが「대세 ( 大勢 )」という
言葉があります。読んで字のごとく「大きな勢い・波に乗っ
ている、ホットな状態」のこと。「대세다（一番勢いがある）」
「대세 아이돌 （ホットなアイドル）」のように使います。

| | |
|---|---|
| 新曲出てたけど聴いた？ | シンゴック ナワトンデ ドゥロッソ<br>신곡 나왔던데 들었어? |
| ミュージックビデオめっちゃいい。 | ミュジックビディオ ノム チョア<br>뮤직비디오 너무 좋아. |
| 歌もすごくいい。 | ノレド ノム チョア<br>노래도 너무 좋아. |
| 歌手は誰が好き？ | カス ヌグ チョアへ<br>가수 누구 좋아해? |
| BTS、知ってる？ | ビティエス アラ<br>BTS 알아? |
| 知らないとモグリだよ。 | モルミョン カンチョビジ<br>모르면 간첩이지. |
| やっぱりBTSが売れてるよね。 | ヨクシ ビティエスガ テセヤ<br>역시 BTS가 대세야. |
| BLACK PINKも負けてないよ。 | ブレックピンクド マンマンチ アナ<br>블랙핑크도 만만치 않아. |
| 歌もいいけど… | ノレド チョッチマン<br>노래도 좋지만… |
| メンバーの一人ひとりがいいの。 | モンボ ハナハナガ チョア<br>멤버 하나하나가 좋아. |

K-POP

---

| 語句 | | | |
|---|---|---|---|
| | ・신곡 | シンゴック | 新曲 |
| | ・듣다 | トゥッタ | 聴く、聞く |
| | ・뮤직 비디오 | ミュジックビディオ | ミュージックビデオ<br>〔縮めて뮤비とも言う〕 |
| | ・노래 | ノレ | 歌 |
| | ・만만치 않다 | マンマンチ アンタ | たやすくない |

101

|  |  |  |
|---|---|---|
| ダンスもすごく上手いし。 | チュムド　ノム　チャル　チュゴ | 춤도 너무 잘 추고. |
| OST も歌ってる。 | オエステイド　ブルロッソ | OST도 불렀어. |
| 最近はアイドルも歌が上手いよね。 | ヨズムン　アイドルド　ノレ　チャム　チャレ | 요즘은 아이돌도 노래 참 잘해. |
| 実力がある。 | シルリョッギ　イッソ | 실력이 있어. |
| 声が特徴的だよね。 | モクソリガ　トゥギヘ | 목소리가 특이해. |
| 歌の歌詞もいいし。 | ノレ　カサド　チョッコ | 노래 가사도 좋고. |
| ママムもすごく上手い。 | ママムド　ノム　チャレ | 마마무도 너무 잘해. |
| ちょっと強いお姉さんスタイル。 | チョム　ッセン　オンニ　スタイル | 좀 센 언니 스타일. |
| ファンクラブに加入した？ | ペンクロップ　カイペッソ | 팬클럽 가입했어? |
| 公式ホームページに入ってみて。 | コンシック　ホンペイジ　トゥロガ　バ | 공식 홈페이지 들어가 봐. |

---

| 語句 | ・춤(을) 추다 | チュムル　チュダ | ダンスをする |
|---|---|---|---|
| | ・목소리 | モクソリ | 声 |
| | ・가사 | カサ | 歌詞 |
| | ・공식홈페이지 | コンシック　ホムペイジ | 公式ホームページ |

公式ファンカフェもあるし。

コンシック ペンカペド イッソ
공식 팬카페도 있어.

NAVERで探してみて。

ネイボエソ チャジャバ
네이버에서 찾아봐.

インスタグラムに書き込みしてごらん。

インスタエ デックル オルリョバ
인스타에 댓글 올려봐.

たまにメンションしてくれるよ。

カクム タプクル ダラジュドラ
가끔 답글 달아주더라.

音楽番組でなかなかいいのがあるの。

ウマック プロガ ゲンチャヌン ゲ イッソ
음악 프로가 괜찮은 게 있어.

シーズンごとに違う歌手が出るの。

シズンマダ ダルン カスガ ナワ
시즌마다 다른 가수가 나와.

みんな本当に歌が上手くて…

タドゥル ノレ ノム チャラゴ
다들 노래 너무 잘하고…

昔の歌手だけど大好き。

イェンナル カスジマン ノム チョア
옛날 가수지만 너무 좋아.

YouTubeのチャンネル登録すればいいよ。

ユティユブ チェノル クドカミョン デ
유튜브 채널 구독하면 돼.

| 語句 | ・인스타 | インスタ | インスタグラム |
|---|---|---|---|
| | ・댓글 | テックル | 書き込み、コメント |
| | ・올리다 | オルリダ | アップする |
| | ・답글 | タプクル | 返事、メンション |

# 3

# イベント・コンサート

イベントやコンサートにまつわる単語・フレーズです。

| | |
|---|---|
| コンサートのチケット買った？ | コンソトゥ ティケット サッソ<br>콘서트 티켓 샀어？ |
| 予約して買ったよ。 | イェメヘッソ<br>예매했어. |
| チケットを入手しにくい。 | ティケット クハギ オリョウィオ<br>티켓 구하기 어려워. |
| オンラインで買ったよ。 | オンライヌロ サッソ<br>온라인으로 샀어. |
| イベント、一緒に行こうよ。 | イベントゥ カチ ガジャ<br>이벤트 같이 가자. |
| 次のイベント、いつやるの？ | タウム イベントゥ オンジェ ハヌンデ<br>다음 이벤트 언제 하는데？ |
| グッズ買った？ | グッズ サッソ<br>굿즈 샀어？ |
| ミュージカルを観たいな。 | ミュジコル ポゴ シプタ<br>뮤지컬 보고 싶다. |
| 演劇を観に行こうよ。 | ヨングク ポロ ガジャ<br>연극 보러 가자. |
| ファンサイン会があるって。 | ペン サインフェ イッテ<br>팬 사인회 있대. |

イベント・コンサート

| 語句 | ・콘서트 | コンソトゥ | コンサート |
|---|---|---|---|
| | ・티켓 | ティケッ | チケット |
| | ・사다 | サダ | 買う、購入する |
| | ・예매하다 | イェメハダ | 予約して買う、前売券を買う |
| | ・온라인 | オンライン | オンライン、ネット |

# SNS

　離れていてなかなか会えない友達の近況を知る上でもとても有効な SNS。上手な使い方で人とのつながりも広がっていきます。フェイスブックやインスタグラムなどでの単語やよく使うフレーズを集めました。

SNS、何やってる？

エスエンエス モヘ
SNS 뭐해?

フェイスブックやってる？

ペブック ハニ
페북 하니?

フェイスブックもやってるし…

ペブックト ハゴ
페북도 하고…

主にインスタグラムかな。

インスタグレム ト マニ ハジ
인스타그램 더 많이 하지.

フェイブックとインスタ
連動して投稿してる。

ペブック インスタ ヨンドンヘソ オルリョ
페북 인스타 연동해서 올려.

インスタグラム投稿したよ。

インスタ ピドゥ オルリョッソ
인스타 피드 올렸어.

ほとんど毎日アップしてる。

コイ メイル オルリョ
거의 매일 올려.

アカウントあるけどアップ
はしない。

ケジョンウン インヌンデ アノルリョ
계정은 있는데 안 올려.

見てるだけ。

ポギマン ヘ
보기만 해.

投稿する内容がないの。

オルリル ネヨンイ オプソ
올릴 내용이 없어.

| 語句 | | | |
|---|---|---|---|
| ・페북(페이스북) | ペブック | | フェイスブック |
| ・연동 | ヨンドン | | 連動 |
| ・매일 | メイル | | 毎日 |
| ・계정 | ケジョン | | アカウント |

| | |
|---|---|
| フォロワーは何人？ | パルロウォ ミョン ミョンイヤ<br>팔로워 몇 명이야? |
| フォローしたいんだけど… | パルロウ ハゴ シプンデ<br>팔로우 하고 싶은데… |
| 相互フォローしよう。 | マッパラジャ<br>맞팔하자. |
| 友達リクエストしたよ。 | チング ヨチョンヘッソ<br>친구 요청했어. |
| リクエスト承認するね。 | チング チュガハルケ<br>친구 추가할게. |
| ハッシュタグはどうやるの？ | ヘシテグヌン オットケ ハヌン<br>해시태그는 어떻게 하는<br>ゴヤ<br>거야? |
| コメント書いてね。 | テックル ダラジョ<br>댓글 달아줘. |
| 「いいね」よろしくね。 | チョアヨ ヌルロジョ<br>"좋아요" 눌러줘. |
| これ、シェアしてもいい？ | イゴ コニュヘド デ<br>이거 공유해도 돼? |
| 全体公開じゃないの。 | チョンチェゴンゲ アニヤ<br>전체공개 아니야. |

| 語句 | | | |
|---|---|---|---|
| | ・팔로워 | パルロウォ | フォロワー |
| | ・친구 요청 | チング ヨチョン | 友達リクエスト |
| | ・해시태그 | ヘシテグ | ハッシュタグ〔#〕 |
| | ・누르다 | ヌルダ | クリックする、押す |
| | ・공유하다 | コンユハダ | シェアする、共有する |

| | |
|---|---|
| プロフィール写真はいつの？ | プサ オンジェッ チョク サジニヤ<br>**프사 언제 적 사진이야?** |
| ツイッターはまめにチェックしてる。 | トゥイットヌン チャジュ バ<br>**트위터는 자주 봐.** |
| YouTube もやってるの？ | ユティユブド ヘ<br>**유튜브도 해?** |
| たまに動画アップしてる。 | カクム ドンヨンサン オルリョ<br>**가끔 동영상 올려.** |
| SNS、ほとんどやってない。 | エスエネス コイ アネ<br>**SNS 거의 안 해.** |
| 個人情報漏洩の心配があって… | ケインジョンボ ヌチュルデルカ バ<br>**개인정보 누출될까 봐…** |
| コメントつけるのも面倒だし。 | テックル ダヌン ゴット キチャンコ<br>**댓글 다는 것도 귀찮고.** |

S
N
S

略語　インスタグラム　　　　「인스타그램」→「인스타」
　　　フェイスブック　　　　「페이스북」→「페북」
　　　フェイスブック友達　　「페이스북 친구」→「페친」
　　　プロフィール写真　　　「프로필 사진」→「프사」

| 語句 | ・프사 (프로필 사진) | プサ | プロフィール写真 |
|---|---|---|---|
| | ・트위터 | トゥウィト | Twitter（ツイッター） |
| | ・유튜브 | ユテュブ | YouTube（ユーチューブ） |
| | | 〔You =君(너) ということで너튜브とも言う〕 | |
| | ・동영상 | トンヨンサン | 動画 |
| | ・댓글(을)달다 | テックルル タルダ | コメント（を）つける |

# ゲーム

パソコンを用いたオンラインゲーム、プレステ、スマホゲームなど種類や場面によって使うことばも様々。ゲームを楽しむ人の基本的なフレーズです。

| | |
|---|---|
| どんなゲームが好き？ | オットン ケイム チョアヘ<br>어떤 게임 좋아해? |
| リズムゲームをよくやってる。 | リドゥム ケイム マニ ヘ<br>리듬 게임 많이 해. |
| パズルゲームとか好きかな。 | ポズル ケイム チョアハヌン ピョニヤ<br>퍼즐 게임 좋아하는 편이야. |
| 好きなキャラは誰？ | オヌ ケリックトガ チョア<br>어느 캐릭터가 좋아? |
| あのゲームやってる？ | ク ケイム ヘ<br>그 게임 해? |
| スマホでやってる。 | ヘンドゥポヌロ ヘ<br>핸드폰으로 해. |
| アクションとかRPGはやらない？ | エクションイナ アルピジヌン アナニ<br>액션이나 알피지는 안 하니? |
| RPGと言えばやっぱりポケモンだよね。 | アルピジ ハミョン ヨクシ ポケットモンイジ<br>알피지 하면 역시 포켓몬이지. |
| ポケモン交換しよう。 | ポケットモン キョファナジャ<br>포켓몬 교환하자. |

ゲーム

| 語句 | ・리듬 게임 | リドゥム ケイム | リズムゲーム |
|---|---|---|---|
| | ・퍼즐 게임 | ポズル ケイム | パズルゲーム |
| | ・캐릭터 | ケリット | キャラクター |
| | ・교환하다 | キョファナダ | 交換する |

| | |
|---|---|
| オンライン対戦はやったことないんだけど… | トンシン デジョヌン ヘボン ジョック オムヌンデ<br>통신 대전은 해본 적 없는데… |
| どこまで進めた？ | チンド オルマナ ナガッソ<br>진도 얼마나 나갔어? |
| ここ、わかった？ | ヨギ プロッソ<br>여기 풀었어? |
| このアイテムが必要なんだけど。 | イ アイテミ ピリョハンデ<br>이 아이템이 필요한데. |
| どうやったら倒せる？ | オトッケ ハミョン ギョクパハル ス イッソ<br>어떻게 하면 격파할 수 있어? |
| どうやったらクリアできる？ | オトッケ ハミョン クルリオ ハル ス イッソ<br>어떻게 하면 클리어 할 수 있어? |
| このキャラクター、ほしいな。 | イ ケリクト タムナヌンデ<br>이 캐릭터 탐나는데. |
| レベルはいくつ？ | レベル オットケ デ<br>레벨 어떻게 돼? |

| 語句 | | | |
|---|---|---|---|
| | ・통신 대전 | トンシン テジョン | オンライン対戦 |
| | ・아이템 | アイテム | アイテム |
| | ・격파 | キョックパ | 倒す、撃破する |
| | ・클리어 | クルリオ | クリア |
| | ・레벨 | レベル | レベル |

ポケモン GO を始めたの。 포켓몬 고 시작했어.
<small>ポケッモン　ゴ　シジャケッソ</small>

家の周りはコラッタ
ばっかりだよ。 우리 집 주변엔 꼬렛만 나와.
<small>ウリ　ジブ　チュビョネン　コレンマン　ナワ</small>

モバイルゲームをよく
やってる。 모바일 게임 많이 하지.
<small>モバイル　ケイム　マニ　ハジ</small>

時間つぶしにちょうど
いいの。 시간 때우기 딱 좋아.
<small>シガン　ッテウギ　ッタク　チョア</small>

ゲーム

---

| 語句 | | | |
|---|---|---|---|
| ・시작하다 | シジャッカダ | 始める | |
| ・주변 | チュビョン | 周辺、近所 | |
| ・모바일게임 | モバイルケイム | モバイルゲーム | |
| ・시간(을)때우다 | シガヌル テウダ | 時間（を）つぶす | |

# Lesson 4

# 気持ちを表すことば

　日本語と韓国語は、物の形（名詞）や動き（動詞）を表すことばはとてもよく似ていて、一対一で対応する単語が多いのですが、気持ちや感情を表すことばは、ぴったり対応する単語がないことも多いようです。

　気持ちにぴったりのことばを話せるように、様々な場面を想定したフレーズを集めました。

# 1

# プラスの気持ち

　うれしい・気分がいい・晴れやかな気持ちなど、プラスの感情のフレーズです。

　「좋다―좋아―좋아요」は「好き、いい、うれしい、すてき」など様々な気持ちを表す便利なことばです。

いいね。
チョッタ
좋다.

すごくいい。
ノム　チョッタ
너무 좋다.

気分がいい。
キブニ　ジョア
기분이 좋아.

グッド！
チョアッソ
좋았어！

すごくうれしい。
ノム　キッポ
너무 기뻐.

幸せ！
ヘンボケ
행복해！

やった！〔うれしい！〕
シンナンダ
신난다！

おもしろい。
チェミッソ
재밌어.

楽しい。
ズルゴウォ
즐거워.

満たされる感じ。
フムテ
흐뭇해.

プラスの気持ち

| 語句 | | |
|---|---|---|
| ・기분 | キブン | 気分 |
| ・행복하다 | ヘンボッカダ | 幸せだ |
| ・신나다 | シンナダ | ワクワクして楽しい |
| ・즐겁다 | チュルゴップタ | 楽しい |
| ・흐뭇하다 | フムッタダ | 満ち足りた気持ちだ |

| 愛らしい。 | サランスロウォ<br>사랑스러워. |
|---|---|
| 本当にかわいらしい。 | ノム　イェボ<br>너무 예뻐. |
| かわいい。 | キヨウォ<br>귀여워. |
| 誇りに思う。 | チャランスロウォ<br>자랑스러워. |
| 誇らしい気持ち。<br>〔成果などがあって〕 | プドゥテ<br>뿌듯해. |
| 満足が行く。 | マンジョックスロウォ<br>만족스러워. |
| 興味深いな。 | フンミロウォ<br>흥미로워. |
| 心が温かくなる。 | マウミ　ッタトゥテジョ<br>마음이 따뜻해져. |
| 頬が緩んじゃう。 | ウスミ　ジョルロ　ナワ<br>웃음이 절로 나와. |
| 気持ちが穏やかだよ。 | マウミ　ピョネ<br>마음이 편해. |

| 語句 | ・귀엽다 | クィヨプタ | かわいい |
|---|---|---|---|
| | ・자랑 | チャラン | 自慢 |
| | ・만족 | マンジョック | 満足 |
| | ・흥미롭다 | フンミロップタ | 興味深い |
| | ・편하다 | ピョナダ | 楽だ、リラックスする |

| | |
|---|---|
| 爽快だわ。 | サンクェへ<br>상쾌해. |
| 胸がスッキリする。 | ソギ　フリョネ<br>속이 후련해. |
| せいせいする。 | ソギ　シウォネ<br>속이 시원해. |
| 胸のつかえが取れた感じ。 | ソギ　ッポン　トゥルリヌン　キブニヤ<br>속이 뻥 뚫리는 기분이야. |
| 心が軽い。 | ホルガブネ<br>홀가분해. |

プラスの気持ち

---

| **語句** | | | |
|---|---|---|---|
| | ・상쾌하다 | サンクェハダ | 爽快だ、気持ちいい |
| | ・속 | ソック | 中（腹、心の中） |
| | ・후련하다 | フリョナダ | スッキリする、溜飲が下がる |
| | ・시원하다 | シウォナダ | スッキリする、涼しい |
| | ・뻥 | ポン | スカッとする様 |

119

# 2

# マイナスの気持ち

　ゆううつ、寂しい、悲しい、不安などのマイナスの気持ちを表すフレーズです。

| | |
|---|---|
| 悲しい。〔思い通りにいかなくて〕 | ソクサンヘ<br>속상해. *1 |
| この映画、悲しすぎる。 | イ ヨンファ ノム スルポ<br>이 영화 너무 슬퍼. |
| 苦しい。 | ケロウォ<br>괴로워. |
| モヤモヤする。 | シムナネ<br>심란해. |
| ゆううつ。 | ウウレ<br>우울해. |
| くさくさする。 | ウルチョケ<br>울적해. |
| 寂しい。〔物足りない感じで〕 | ホジョネ<br>허전해. |
| 独りは淋しい。 | ホンジャヌン ウェロウォ<br>혼자는 외로워. |
| すぐ涙が出るの。 | ジャク ヌンムリ ナ<br>자꾸 눈물이 나. |
| 別れるのは名残惜しい。 | ヘオジギ アシウォ<br>헤어지기 아쉬워. |

マイナスの気持ち

---

**語句**
| | | |
|---|---|---|
| ・우울하다 | ウウラダ | ゆううつだ |
| ・혼자 | ホンジャ | 独り、一人 |
| ・헤어지다 | ヘオジダ | 別れる |
| ・아쉽다 | アシップタ | 名残惜しい |

＊1 ブルーな気持ちを表すことばで、最も日本語で表現しづらく、かつ最も韓国人がよく使うことばが「속상하다 / 속상해」。単語を分解してみると속（心）＋상하다（傷つく）。腹立つことや心配事が解消されず、思い通りに行かなくて心が傷つき→「悲しい、ゆううつ、苛立たしい」気持ちになるという意味。すてきな服を買ってルンルンしてたのに、翌日バーゲンで半額になっていたら、まさに「속상해」の気持ち。

| | |
|---|---|
| 何もしたくない。 | <ruby>아무것도<rt>アムゴット</rt></ruby> <ruby>하기<rt>ハギ</rt></ruby> <ruby>싫어<rt>シロ</rt></ruby>. |
| 心配なの。 | <ruby>걱정돼<rt>コクチョンデ</rt></ruby>. |
| 気がかりなの。 | <ruby>마음에<rt>マウメ</rt></ruby> <ruby>걸려<rt>コルリョ</rt></ruby>. |
| 不安。 | <ruby>불안해<rt>ブラネ</rt></ruby>. |
| イライラする。〔焦りがあって〕 | <ruby>초조해<rt>チョジョヘ</rt></ruby>. |
| 困惑してる。 | <ruby>당황스러워<rt>タンファンスロウォ</rt></ruby>. |
| どうなるか心配。〔怖いし〕 | <ruby>어떻게<rt>オトッケ</rt></ruby> <ruby>될지<rt>デルチ</rt></ruby> <ruby>두려워<rt>トゥリョウォ</rt></ruby>. |
| 怖気づいてしまうの。 | <ruby>겁이<rt>コビ</rt></ruby> <ruby>나<rt>ナ</rt></ruby>. |
| 途方に暮れる。〔目途が立たず〕 | <ruby>막막해<rt>マンマケ</rt></ruby>. |
| 暗くてこわい。 | <ruby>깜깜해서<rt>カンカメソ</rt></ruby> <ruby>무서워<rt>ムソウォ</rt></ruby>. |
| 自信がない。 | <ruby>자신이<rt>チャシニ</rt></ruby> <ruby>없어<rt>オプソ</rt></ruby>. |

| 語句 | | | |
|---|---|---|---|
| | ・걱정 | コクチョン | 心配 |
| | ・불안하다 | プラナダ | 不安だ |
| | ・두렵다 | トゥリョップタ | (恐れがあって) 不安・心配だ |
| | ・자신 | チャシン | 自信 |

気持ちが混乱してる。 혼란스러워. <sub>ホンランスロウォ</sub>

居心地が悪いわ。 마음이 불편해. <sub>マウミ ブルピョネ</sub>

心が重苦しいの。 마음이 무거워. <sub>マウミ ムゴウォ</sub>

息が詰まる感じ。 숨이 콱콱 막히는 것 같아. <sub>スミ カクカク マキヌン ゴ ガタ</sub>

窮屈な感じがする。 갑갑해. <sub>カプカペ</sub>

もどかしい。 답답해. <sub>タプタペ</sub>

辛い。〔後ろ髪ひかれるように〕 힘들어. <sub>ヒムドゥロ</sub>

余裕がないの。 여유가 없어. <sub>ヨユガ オプソ</sub>

負担なのよね。 부담스러워. <sub>プダムスロウォ</sub>
〔余計な親切などを負担に感じる〕

空しい。 허무해. <sub>ホムヘ</sub>

悔やまれる。 후회스러워. <sub>フェスロウォ</sub>

マイナスの気持ち

| 語句 | ・무겁다 | ムゴプタ | 重い |
|---|---|---|---|
| | ・숨(이) 막히다 | スミ マッキダ | 息（が）詰まる |
| | ・힘들다 | ヒムドゥルダ | 辛い |
| | ・부담스럽다 | プダムスロプタ | 負担に感じる |

# 退屈

　興味を失ったり、手持ち無沙汰だったりしたときの表現です。韓ドラの中ではおなじみのセリフ「지겨워」は「（同じ状態が長く続いて）嫌気がさす」という意味です。

退屈。

ッタブネ
따분해.

だるい。

チルヘ
지루해.

つまらない。〔面白味がなくて〕

シシヘ
시시해.

つまんない。〔手持ち無沙汰で〕

シムシメ
심심해.

おもしろくない。

チェミオプソ
재미없어.

気に入らない。

マウメ　アン　ドゥロ
마음에 안 들어.

何もかも面倒くさい。〔煩わしい〕

タ　キチャナ
다 귀찮아.

イヤになっちゃう。

チギョプタ
지겹다.

うんざり。

チグッチグテ
지긋지긋해.

退屈

| 語句 | ・따분하다 | タブナダ | 面白味がなく退屈だ |
|---|---|---|---|
| | ・지루하다 | チルハダ | やたらと時間がかかって退屈だ、だるい |
| | ・마음에 들다 | マウメ トゥルダ | 気に入る |
| | ・지겹다 | チギョプタ | イヤになるほど退屈だ |
| | ・지긋지긋하다 | チグッチグッタダ | うんざりする |

125

# 不快・怒り

強い怒りの表現で「화【火】가 나다、열【熱】받다」と
いうことばがあります。怒りで顔が赤くなったり、熱くな
る様が感じられることばです。

イヤな気分。
<ruby>キブン<rt></rt></ruby> <ruby>ナパ<rt></rt></ruby>
기분 나빠.

不愉快。
ブルケヘ
불쾌해.

悔しい。
オグレ
억울해.

何だかすっきりしない。
チプチペ
찜찜해.

嫌い。
ミウォ
미워.

本当にイヤ。
ノム シロ
너무 싫어.

ムカつく。
チャズン ナ
짜증 나.

腹立つ。
ファガ ナ
화가 나.

頭に来る。
ヨル パダ
열 받아.

| 語句 | ・찜찜하다 | チップチパダ | 心に引っかかりがあって すっきりしない |
| | ・밉다 | ミップタ | （目に余る感じで）嫌いだ |
| | ・싫다 | シルタ | イヤだ、気に入らない |
| | ・짜증나다 | チャズンナダ | ムカつく、イラっとする |

127

# 困った

　困ったことが生じたとき、若者ことばだと「ヤバい」の
一言で片づけられそうですが、韓国語では度合いによって
様々な言い方があります。絶望的に困った超ヤバいときは
「망【亡】했다」と言います。

|  |  |
|---|---|
| どうしよう。 | オトカジ<br>어떡하지. |
| どうすればいいかしら。 | オチョミョン ジョア<br>어쩌면 좋아. |
| どうしたものかな。 | イルル オチョジ<br>이를 어쩌지. |
| 大変だ。 | クニル ナンネ<br>큰일 났네. |
| 困ったな。 | ナンガマネ<br>난감하네. |
| まずいな。 | ナンチョハンデ<br>난처한데. |
| まずいことになったな。 | ナンチョハゲ デンネ<br>난처하게 됐네. |
| 頭、真っ白！ | アム センガギ アン ナ<br>아무 생각이 안 나! |
| 誰に相談すればいいんだろう？ | ヌグハンテ サンイヘヤ ハナ<br>누구한테 상의해야 하나? |
| 何かいい方法はないかな？ | モ チョウン バンボビ オプスルカ<br>뭐 좋은 방법이 없을까? |

困った

| 語句 | | | |
|---|---|---|---|
| ・큰일(이)나다 | クニリ ナダ | 大変なことになる |
| ・난감하다 | ナンガマダ | (にっちもさっちも行かなくて)困った |
| ・난처하다 | ナンチョハダ | まずい、困った |
| ・상의 | サンイ | 相談 |
| ・방법 | パンボップ | 方法 |

# その他の気持ち

　정신【精神】という単語は韓ドラ好きの人なら、一度ならず耳にしているほどよく使われる単語で、様々なフレーズに使われます。漢字表記だと精神ですが、気・魂なども含めた意味です。

その他の気持ち

| | | |
|---|---|---|
| ほめないで。恥ずかしい。〔自分のことが〕 | チンチャナジ マ ブクロウォ | 칭찬하지 마. 부끄러워. |
| やめてよ、恥ずかしい。 | ウェ グレ チャンピハゲ | 왜 그래 창피하게.*1 |
| うらやましい。 | ブロウォ | 부러워. |
| バタバタして落ち着かない。 | チョンシニ オプソ | 정신이 없어. |
| なんだかしっくり来ない。 | モンガ オセケ | 뭔가 어색해. |
| 面食らっちゃう。 | ファンダヘ | 황당해. |
| キツネにつままれた感じ。 | オルトルトルヘ | 얼떨떨해. |
| 頭の中が複雑。 | モリガ ポクチャペ | 머리가 복잡해. |

| 語句 | | | |
|---|---|---|---|
| ・칭찬하다 | チンチャナダ | ほめる | |
| ・창피하다 | チャンピハダ | 恥ずかしい、赤面する | |
| ・정신이 없다 | チョンシニ オップタ | (多忙・ショックなどで)冷静に考えられない様 | |
| ・어색하다 | オセッカダ | (慣れていないなどで)不自然だ、ぎごちない | |
| ・얼떨떨하다 | オルトルトラダ | 突然のことで当惑する、キツネにつままれた感じ | |

＊1　부끄럽다도 창피해도 同じ「恥ずかしい」ですが、違いは、自分のことや行為で恥ずかしいと感じたら「부끄럽다／부끄러워」、自分もしくは、自分ではない「他人のことや行為」で自分が恥ずかしいなら「창피하다／창피해」を使います。例えば、「私事でお恥ずかしいのですが…」なら「부끄럽지만」を使います。

# Lesson 5

# 家族・友達と過ごす

　家族と出かけたり、友達に会って食事をしたり、一緒
に遊んだりする場面でよく使うフレーズです。


＊1から＊9の解説は p164 に掲載しています。

# 散歩

　いつもの散歩道で注意を促したり、違うルートを開拓して新たな発見があったりなど、お散歩のときに使えそうなフレーズです。

お散歩に行く？

サンチェック ガルカ
산책 갈까?

散歩でもしようか？〔気分転換に〕

パラム チョム ッセロ ガルカ
바람 좀 쐬러 갈까?*1

ゆっくり歩いて。

チョンチョニ ゴロ
천천히 걸어.

どこに行く？

オディロ ガルカ
어디로 갈까?

まっすぐ行こう。

トクパロ ガジャ
똑바로 가자.

ぐるっと回って行こう。

ピン ドゥルロソ ガジャ
뻥 둘러서 가자.

行ったことない道を行ってみよう。

アン ガボン ギルロ カボジャ
안 가본 길로 가보자.

この辺は初めて。

イ ドンネヌン チョウミヤ
이 동네는 처음이야.*2

あっちには何があるんだろう？

チョチョゲン モガ イッチ
저쪽엔 뭐가 있지?

ここにこんなのがあるんだね。

ヨギ イロン ゲ インネ
여기 이런 게 있네.

散歩

| 語句 | ・산책 | サンチェック | 散歩 |
| --- | --- | --- | --- |
| | ・바람(을) 쐬다 | パラムル ッセダ | 気分転換に外に出る |
| | ・걷다 | コッタ | 歩く |
| | ・동네 | トンネ | 近所、町内 |
| | ・저쪽 | チョチョック | あちら |

| 道路を渡る時は気をつけてね。 | キル ゴンノルル テ チョシメ<br>길 건널 때 조심해. |
|---|---|
| ちゃんと信号を見て。 | シノドゥン チャル ボゴ<br>신호등 잘 보고. |
| 黄色信号だよ。 | ノランブリヤ<br>노란불이야. |
| 赤信号だよ。 | パルガンブリヤ<br>빨간불이야. |
| 青信号になるまで待って。 | パランブル キョジル テカジ キダリョ<br>파란불 켜질 때까지 기다려. |
| 青だよ。行こう。 | パラン ブリダ カジャ<br>파란 불이다. 가자. |
| 後ろに車が来るよ。 | ティエ チャ オンダ<br>뒤에 차 온다. |
| ちょっと上り坂ね。 | サルチャック オルマッキリネ<br>살짝 오르막길이네. |
| 下り坂だ。 | ネリマッキリダ<br>내리막길이다. |
| ちょっと休んで行こう。 | チョム シオッタ ガジャ<br>좀 쉬었다 가자. |

| 語句 | ・길 | キル | 道路、道 |
|---|---|---|---|
| | ・건너다 | コンノダ | 渡る |
| | ・신호등 | シノドゥン | 信号機 |
| | ・기다리다 | キダリダ | 待つ |
| | ・쉬다 | シダ | 休む |

あそこに座ってちょっと
休んで行こう。

チョギ ジョム アンジャッタ ガジャ
저기 좀 앉았다 가자.

ちょっと水を飲んでから
行こう。

ムル ジョム マシゴ ガジャ
물 좀 마시고 가자.

どこまで行くつもり？

オディッカジ ガリョゴ
어디까지 가려고?

もう家に帰ろうか。

イジェ チベ ガルカ
이제 집에 갈까?

今日はいっぱい歩いた。

オヌル マニ ゴロッソ
오늘 많이 걸었어.

2時間も歩いたよ。

トゥシガニナ コロンネ
2시간이나 걸었네.

1万歩は歩いてるね。

マン ボヌン ゴロッケッソ
만 보는 걸었겠어.

散歩

| 語句 | ・앉다 | アンタ | 座る |
|------|-------|-------|------|
| | ・마시다 | マシダ | 飲む |
| | ・이제 | イジェ | もう、そろそろ |
| | ・만 보 | マン ボ | 1万歩 |

# 買い物に行く

　スーパー（마트）、デパートなどに行くときや行ったとき
の表現です。店員さんとの会話は当然、丁寧語を使います。
　韓国にはスーパーやデパート以外に昔からの市場があり、
都心なら「재래시장」（在来市場）、郊外なら5日ごとに市が
立つ「오일장」などがあります。ここでの会話も丁寧です。

## 近所のスーパー

買い物に行こう。〔食材・日用品〕
チャン ボロ カジャ
장 보러 가자.

買うものがいっぱいだね。
サル ケ マンエ
살 게 많네.

石けんも買わなくちゃ。
ピヌド サヤ ヘ
비누도 사야 해.

マイバッグ、持った？
チャンパグニ チェンギョッソ
장바구니 챙겼어?

上の階から行こう。
ウィチュンブト カジャ
위층부터 가자.

エスカレーターで行く？
エスコレイトゥロ カルカ
에스컬레이터로 갈까?

エレベーターに乗ろう。
エリベイト タジャ
엘리베이터 타자.

何階で降りる？
ミョ チュンエソ ネリョ
몇 층에서 내려?

上のボタンを押して。
ウィロ ガヌン ボトゥン ヌルロジョ
위로 가는 버튼 눌러줘.

下のボタンを押して。
アレロ ガヌン ボトゥン ヌルロジョ
아래로 가는 버튼 눌러줘.

| 語句 | | |
|---|---|---|
| ・장보다 | チャンボダ | (市場などで) 買い物する |
| ・~러 가다 | ロ ガダ | ~しに行く |
| ・장바구니 | チャンパグニ | マイバッグ、買い物かご |
| ・몇 층 | ミョッ チュン | 何階 |
| ・버튼 | ボトゥン | ボタン |

| カート、持って来るね。 | カトゥ カジョオルケ<br>카트 가져올게. |
| すぐに戻るから。 | クムバン カッタ オルケ<br>금방 갔다 올게. |
| ここで待ってて。 | ヨギソ キダリョ<br>여기서 기다려. |
| どこへも行っちゃダメよ。 | ッタンデ カジ マルゴ<br>딴 데 가지 말고. |
| これ、買いたいんだけど。 | イゴ サゴ シプンデ<br>이거 사고 싶은데. |
| 選んでみて。 | コルラ バ<br>골라 봐. |
| 高すぎるね。 | ノム ピッサダ<br>너무 비싸다. |
| ネットのほうが安いと思う。 | オンライニ トッサンゴ ガタ<br>온라인이 더 싼 거 같아. |
| その代わり配送費がかかる<br>でしょう。 | テシン ペソンビガ トゥルジャナ<br>대신 배송비가 들잖아. |
| 一つだけ買えば。 | ハナマン サ<br>하나만 사.*3 |

| 語句 | ・카트 | カトゥ | カート |
| | ・고르다 | コルダ | 選ぶ |
| | ・싸다 | ッサダ | 安い |
| | ・〜것 같다 | コ ガッタ | 〜のようだ、〜だと思う |
| | ・배송비 | ペソンビ | 配送費 |

## ちょっと遠くに買い物

明洞に行くんだけど。
ミョンドン ナガル コンデ
명동 나갈 건데.

何か買うものある？
モ サル コ イッソ
뭐 살 거 있어?

何に乗って行こう？
モ タゴ ガジ
뭐 타고 가지?

乗り換えは面倒だし…
ガラタギ キチャヌンデ
갈아타기 귀찮은데…

車で行く？
チャ カジゴ ガルカ
차 가지고 갈까?*4

バスもあるし、電車も
あるし。
ボスド イッコ ジョンチョルド
버스도 있고 전철도
インヌンデ モ
있는데. 뭐.

バスは時間が合わない。
ボスヌン シガニ アン マンネ
버스는 시간이 안 맞네.

電車の乗り換えを検索
してみて。
チョンチョル ガラタヌン ゴ コムセケバ
전철 갈아타는 거 검색해봐.

これが一番早い。
イゲ ジェイル ッパルダ
이게 제일 빠르다.

| 語句 | ・타다 | タダ | 乗る |
|---|---|---|---|
| | ・갈아타다 | カラタダ | 乗り換える |
| | ・버스 | ボス | バス |
| | ・전철 | チョンチョル | 電車 |
| | ・검색 | コムセック | 検索 |

# ショッピング

　ショッピングに行くときや行ったときの会話です。
　ショッピングの際の友達や家族のアドバイス、独り言などのフレーズです。店員さんとの会話は丁寧語なので、ここでは触れません。

服を買いに行くんだけど、
行かない？

<small>オッ サロ ガルコンデ アン ガルレ</small>
옷 사러 갈건데 안 갈래?

何の服？

<small>ムスノッ</small>
무슨 옷?

デパートが新規オープン
したって。

<small>ペカジョム セロ オプネッテ</small>
백화점 새로 오픈했대.

かわいいお洋服屋さん、
できてたよ。

<small>イェップン オッカゲ センギョットラ</small>
예쁜 옷가게 생겼더라.

就職できたし…

<small>チュジク デッスニカ</small>
취직 됐으니까…

会社に着て行くもの。

<small>フェサ イップコ ガル コ</small>
회사 입고 갈 거.

友達の結婚式があるのよ。

<small>チング ギョロンシック イッソソ</small>
친구 결혼식 있어서.

スーツを買おうと思って。

<small>チョンジャン ハナ サリョゴ</small>
정장 하나 사려고.*5

靴を買おうと思って。

<small>クドゥ ハナ チャンマナリョゴ</small>
구두 하나 장만하려고.*6

ちょっと明るいのがほしいな。

<small>チョム ファサハン ゴルロ</small>
좀 화사한 걸로.

ショッピング

| 語句 | ・백화점 | ペカジョム | デパート、百貨店 |
|---|---|---|---|
| | ・회사 | フェサ | 会社 |
| | ・결혼식 | キョロンシック | 結婚式 |
| | ・정장 | チョンジャン | スーツ、正装 |
| | ・구두 | クドゥ | 靴 |

| | | |
|---|---|---|
| これ、どう？ | <ruby>이거<rt>イゴ</rt></ruby> <ruby>어때?<rt>オッテ</rt></ruby> | |
| ちょっと小さいかな？ | <ruby>좀<rt>チョム</rt></ruby> <ruby>작나?<rt>ジャンナ</rt></ruby> | |
| 大きすぎるかな？ | <ruby>너무<rt>ノム</rt></ruby> <ruby>큰가?<rt>クンガ</rt></ruby> | |
| 似合う？ | <ruby>어울려?<rt>オウルリョ</rt></ruby> | |
| 似合わない？ | <ruby>안<rt>アノ</rt></ruby> <ruby>어울려?<rt>ウルリョ</rt></ruby> | |
| いまいち？ | <ruby>별로야?<rt>ピョルロヤ</rt></ruby> | |
| 色が濃すぎる？ | <ruby>색이<rt>セギ</rt></ruby> <ruby>너무<rt>ノム</rt></ruby> <ruby>진한가?<rt>チナンガ</rt></ruby> | |
| 体のラインを拾いすぎ？ | <ruby>몸<rt>モム</rt></ruby> <ruby>라인이<rt>ライニ</rt></ruby> <ruby>너무<rt>ノム</rt></ruby> <ruby>드러나나?<rt>トゥロナナ</rt></ruby> | |
| ピチピチすぎる？ | <ruby>너무<rt>ノム</rt></ruby> <ruby>꽉<rt>ッカク</rt></ruby> <ruby>끼나?<rt>キナ</rt></ruby> | |
| 長すぎるよね？ | <ruby>너무<rt>ノム</rt></ruby> <ruby>길지?<rt>キルジ</rt></ruby> | |

| 語句 | | | |
|---|---|---|---|
| | ・작다 | チャクタ | 小さい |
| | ・크다 | クダ | 大きい |
| | ・어울리다 | オウルリダ | 似合う |
| | ・몸 | モム | 体、身体 |
| | ・꽉 끼다 | ッカク キダ | （服などが小さくて）ピチピチだ |

感想

もうちょっと短いほうがいいな。

チョグンマン ッチャルブミョン チョケタ
조금만 짧으면 좋겠다.

ワンサイズ大きいほうが
良さそう。

ハンチス　クン　ゲ　チョケタ
한 치수 큰 게 좋겠다.

幅が広すぎな気がする。

トンイ　ノム　ノルブン　ゴ　ガタ
통이 너무 넓은 것 같아.

幅が狭すぎな気がする。

トンイ　ノム　チョブン　ゴ　ガタ
통이 너무 좁은 것 같아.

なんでこんなにブカブカなの？

ウェ　イロケ　ッコ
왜 이렇게 커?

形が合ってない気がする。

モヤンイ　アン　マンヌン　ゴ　ガタ
모양이 안 맞는 것 같아.

いいんじゃない。

ゲンチャヌンデ
괜찮은데.

よく似合うよ。

チャル　オウルリョ
잘 어울려.

ぴったり。

ッタン　マンネ
딱 맞네.

色が映えるね。

セギ　チャル　バンネ
색이 잘 받네.

ショッピング

| 語句 | | | |
|------|------|------|------|
| ・짧다 | チャルタ | 短い |
| ・한 치수 | ハン　チス | ワンサイズ |
| ・좁다 | チョプタ | 狭い |
| ・모양 | モヤン | 模様、形 |
| ・딱 맞다 | ッタク　マッタ | ぴったり合う |

# 友達と会う

　人と会うときの、日にちや場所の取り決め、調整に使うことばです。遅刻・キャンセルなど、日常の場面で使えることばです。

## 会う約束をする

| 会う？ | マンナルカ<br>만날까? |
|---|---|

会おうよ。〔顔見せてよ。〕　オルグル チョム ポジャ<br>얼굴 좀 보자.

みんなで会おうよ。　タ ガチ マンナ<br>다 같이 만나.

来週は忙しい？　タウム チュ パパ<br>다음 주 바빠?

私はヒマだよ。　ナヌン ハンガヘ<br>나는 한가해.

ちょっと時間作って。　シガン チョム ネ<br>시간 좀 내.

いつ時間あるの？　オンジェ シガニッソ<br>언제 시간 있어?

いつがいい？　オンジェガ チョア<br>언제가 좋아?

何曜日がいい？　ムスン ヨイリ チョア<br>무슨 요일이 좋아?

やっぱり週末がいいよね？　アムレド チュマリ チョッケッチ<br>아무래도 주말이 좋겠지?

| 語句 | ・다 같이 | タ　ガチ | みんな一緒に |
|---|---|---|---|
| | ・다음 주 | タウム　チュ | 来週、次週 |
| | ・바쁘다 | パプダ | 忙しい |
| | ・시간(을) 내다 | シガヌル　ネダ | 時間を作る |
| | ・주말 | チュマル | 週末 |

| 水曜日にしよう。 | スヨイレ　ボジャ<br>수요일에 보자. |
| そちらの時間に合わせるよ。 | ミョッ シチュミ チョア<br>몇 시쯤이 좋아? |
| そちらの時間に合わせるよ。 | ノ　シガネ　マッチュルケ<br>너 시간에 맞출게. |
| じゃ、そうしよう。 | クロム　クロッケ ハジャ<br>그럼 그렇게 하자. |
| 連絡を回そうか？ | ヨルラック ドルリルカ<br>연락 돌릴까? |
| そこで会おう。 | コギソ　バ<br>거기서 봐. |
| 7時に会おう。 | イルゴップシエ マンナ<br>7시에 만나. |
| 遅れないでね。 | シガン　ヌッチ　マ<br>시간 늦지 마. |
| 時間、守ってね。 | シガン チャル ジキョ<br>시간 잘 지켜. |
| ドタキャンしちゃダメだよ。 | ポンク ネミョン アン デ<br>펑크 내면 안 돼. |

| 語句 | ・～쯤 | チュム | ～頃、～ぐらい |
| | ・너 | ノ | 君、お前、（親しい間柄の）あなた |
| | ・연락 | ヨルラック | 連絡 |
| | ・늦다 | ヌッタ | 遅れる |
| | ・펑크 | ポンク | ドタキャン、パンク |

## 遅くなる・キャンセルの連絡

ちょっと遅くなりそうだ
けど。

<ruby>좀<rt>チョム</rt></ruby> <ruby>늦을<rt>ヌズル</rt></ruby> <ruby>거<rt>コ</rt></ruby> <ruby>같은데<rt>ガトゥンデ</rt></ruby>.

1時間ぐらい遅れそう。

<ruby>한<rt>ハン</rt></ruby> <ruby>시간<rt>シガン</rt></ruby> <ruby>정도<rt>チョンド</rt></ruby> <ruby>늦을<rt>ヌズル</rt></ruby> <ruby>거<rt>コ</rt></ruby> <ruby>같아<rt>ガタ</rt></ruby>.

先に入ってて。

<ruby>먼저<rt>モンジョ</rt></ruby> <ruby>들어가<rt>ドゥロガ</rt></ruby> <ruby>있어<rt>イッソ</rt></ruby>.

ごめんね。行けなそう。

<ruby>미안<rt>ミアン</rt></ruby>. <ruby>못갈<rt>モカル</rt></ruby> <ruby>거<rt>コ</rt></ruby> <ruby>같아<rt>ガタ</rt></ruby>.

仕事が終わらなくて。

<ruby>일이<rt>イリ</rt></ruby> <ruby>안<rt>アン</rt></ruby> <ruby>끝나서<rt>クンナソ</rt></ruby>.

急ぎの用事ができて…

<ruby>급한<rt>グパン</rt></ruby> <ruby>일이<rt>イリ</rt></ruby> <ruby>좀<rt>チョム</rt></ruby> <ruby>생겨서<rt>センギョソ</rt></ruby>…

ちょっと家の事情で…

<ruby>집에<rt>チベ</rt></ruby> <ruby>일이<rt>イリ</rt></ruby> <ruby>좀<rt>チョム</rt></ruby> <ruby>있어서<rt>イッソソ</rt></ruby>…

渋滞してるの。

<ruby>차가<rt>チャガ</rt></ruby> <ruby>밀려<rt>ミルリョ</rt></ruby>.

来週にしない？

<ruby>다음<rt>タウム</rt></ruby> <ruby>주로<rt>チュロ</rt></ruby> <ruby>하면<rt>ハミョン</rt></ruby> <ruby>안<rt>アン</rt></ruby> <ruby>될까<rt>デルカ</rt></ruby>?

友達と会う

| 語句 | | | |
|---|---|---|---|
| | ・일 | イル | 仕事 |
| | ・끝나다 | クンナダ | 終わる |
| | ・급하다 | クパダ | 急ぐ |
| | ・일이 생기다 | イリ センギダ | 用事ができる |
| | ・집 | チップ | 家、家庭、店 |

# 家の中で遊ぶ

　雨の日や外に出られないとき、友達が遊びに来たとき、遊びに行ったときなどに使えるフレーズです。小さい子供の遊びから、ゲームやカラオケなどデジタルを駆使した遊びまで、様々な遊びに関することばを集めました。

何して遊ぶ？

モ　ハゴ　ノルカ
뭐 하고 놀까?

最近、何して遊ぶのが
トレンド？

ヨズム ボトン モ ハゴ ニニ
요즘 보통 뭐 하고 노니?

ボードゲームを全部出して
みて。

ボドゥケイム タッ コネ バ
보드게임 다 꺼내 봐.

花札は難しい？

ファトゥ チヌン ゴ オリョウォ
화투 치는 거 어려워?

あやとり、やったことある？

シルトゥギ ヘボン ジョック イッソ
실뜨기해본 적 있어?

チェスを教えて。

チェス チョム カルチョ ジョ
체스 좀 가르쳐 줘.

将棋を指す？

チャンギ ドゥルカ
장기 둘까?

囲碁できる？

バドゥク ドゥル チュル アラ
바둑 둘 줄 알아?

人狼ゲームって知ってる？

マピア ケイム アラ
마피아 게임 알아?

もちろん知ってるよ。

タンヨニ アルジ
당연히 알지.

家の中で遊ぶ

| 語句 | · 놀다 | ノルダ | 遊ぶ、仕事などをせず休む |
|---|---|---|---|
| | · 보드게임 | ボドゥケイム | ボードゲーム |
| | · 장기(를) 두다 | チャンギルル　トゥダ | 将棋を指す |
| | · 바둑(을) 두다 | バドグル　トゥダ | 囲碁を打つ |
| | · 당연하다 | タンヨナダ | 当然だ |

ゲームは何やってる？

<ruby>무슨<rt>ムスン</rt></ruby> <ruby>게임<rt>ケイム</rt></ruby> <ruby>해<rt>ヘ</rt></ruby>?

脱出ゲームが流行りだって。

<ruby>방<rt>パン</rt></ruby> <ruby>탈출<rt>タルチュル</rt></ruby> <ruby>게임이<rt>ケイミ</rt></ruby> <ruby>유행이야<rt>ユヘンイヤ</rt></ruby>.

ダンスゲームは運動にも
なるし、いいよ。

<ruby>댄스게임<rt>テンスケイム</rt></ruby> <ruby>운동<rt>ウンドン</rt></ruby> <ruby>되고<rt>デゴ</rt></ruby> <ruby>좋아<rt>チョア</rt></ruby>.

難しすぎるよ。

<ruby>왜<rt>ウェ</rt></ruby> <ruby>이렇게<rt>イロッケ</rt></ruby> <ruby>어렵지<rt>オリョプチ</rt></ruby>?

ダンス上手いね。

<ruby>춤<rt>チュム</rt></ruby> <ruby>잘<rt>チャル</rt></ruby> <ruby>춘다<rt>チュンダ</rt></ruby>.

踊るの下手すぎるよ。

<ruby>너무<rt>ノム</rt></ruby> <ruby>못<rt>モッ</rt></ruby> <ruby>추는<rt>チュヌン</rt></ruby> <ruby>것<rt>ゴ</rt></ruby> <ruby>같아<rt>ガタ</rt></ruby>.

ついていけない。

<ruby>못<rt>モッ</rt></ruby> <ruby>따라가겠어<rt>タラガゲッソ</rt></ruby>.

ジャーン！ホームカラオケ。

<ruby>짜잔<rt>チャジャン</rt></ruby>! <ruby>홈<rt>ホム</rt></ruby> <ruby>노래방<rt>ノレバン</rt></ruby>.

ブルートゥースマイクあるよ。

<ruby>블루투스<rt>ブルトゥス</rt></ruby> <ruby>마이크<rt>マイク</rt></ruby> <ruby>있어<rt>イッソ</rt></ruby>.

| 語句 | | | |
|---|---|---|---|
| ・탈출 | タルチュル | | 脱出 |
| ・어렵다 | オリョプタ | | 難しい |
| ・춤(을) 잘 추다 | チュムル チャル チュダ | | 踊りが上手い |
| ・춤(을) 못 추다 | チュムル モッ チュダ | | 踊りが下手だ |
| ・노래방 | ノレバン | | カラオケ |

誰が先にやる？

ヌガ　モンジョ　ハルレ
누가 먼저 할래?

この歌、知ってる？

イ　ノレ　アラ
이 노래 알아?

知ってたら一緒に歌おう。

アルミョン　ガチ　ブルロ
알면 같이 불러.

歌、上手いね。

ノレ　チャラネ
노래 잘하네.

ごめん、私、音痴なの。

ミアン　ネガ　チョム　ウムチヤ
미안 내가 좀 음치야.

静かに映画でも観よう。

チョヨンイ　ヨンファナ　ボジャ
조용히 영화나 보자.

観たい映画があるんだよ。

ポゴ　シプン　ヨンファガ　イッコドゥ
보고 싶은 영화가 있거든.

音楽かけて。

ウマック　トゥロジョ
음악 틀어줘.

おしゃべりでもしようよ。

クニャン　スダナ　トルジャ
그냥 수다나 떨자.

家の中で遊ぶ

| 語句 | | | |
|------|------|------|------|
| | ・음치 | ウムチ | 音痴 |
| | ・～고 싶다 | コ　シプタ | ～したい |
| | ・음악(을) 틀다 | ウマグル　トゥルダ | 音楽をかける |
| | ・수다 | スダ | おしゃべり |
| | ・수다(를) 떨다 | スダルル　トルダ | おしゃべりをする |

# 外で遊ぶ

　近所の公園、映画館、水族館、カフェなど、外での遊びにまつわる表現です。小さい子供の遊具や遊びのフレーズも入れてみました。

いい天気だし、外に出よう。　날씨도 좋은데, 나가자.
<ナルシド　チョウンデ　ナガジャ>

雨だし、水族館はどう？　비 오는데 수족관 어때?
<ピ　オヌンデ　スジョカン　オッテ>

遊園地に行く？　놀이공원 갈까?
<ノリゴンウォン　ガルカ>

久しぶりに動物園はどう？　오래간만에 동물원 어때?
<オレガンマネ　ドンムロン　オッテ>

美術館に行かない？　미술관 안 갈래?
<ミスルガン　アン　ガルレ>

ゴッホ展は来週までだよ。　고흐 전 다음 주까지야.
<ゴフジョン　タウム　チュッカジヤ>

図書館カフェ、オープンしたよ。　도서관 카페 오픈했어.
<トソガン　カペ　オプネッソ>

いい感じのカフェ、見つけたよ。　분위기 좋은 카페 알아났어.
<プニギ　ジョウン　カペ　アラナッソ>

日にち決めてキャンプに行こうよ。　날 잡아서 캠핑가자.
<ナル　チャバソ　ケンピンガジャ>

外で遊ぶ

| 語句 | | | |
|---|---|---|---|
| ・날씨 | ナルシ | 天気 |
| ・놀이공원 | ノリゴンウォン | 遊園地、公園 |
| ・오래간만 | オレガンマン | 久しぶり |
| ・미술관 | ミスルガン | 美術館 |
| ・분위기 좋은 | プニギ ジョウン | いい雰囲気の |

映画館に行きたい。

<ruby>영화관<rt>ヨンファガン</rt></ruby> <ruby>가고<rt>ガゴ</rt></ruby> <ruby>싶다<rt>シップタ</rt></ruby>.

それ、今日封切だよね。

<ruby>그거<rt>クゴ</rt></ruby> <ruby>오늘<rt>オヌル</rt></ruby> <ruby>개봉이잖아<rt>ケボンイジャナ</rt></ruby>.

上映時間を調べて。

<ruby>상영<rt>サンヨン</rt></ruby> <ruby>시간<rt>シガン</rt></ruby> <ruby>알아봐<rt>アラバ</rt></ruby>.

チケット予約しなくても
大丈夫？

<ruby>티켓<rt>ティケッ</rt></ruby> <ruby>예매<rt>イェメ</rt></ruby> <ruby>안 해도<rt>アネド</rt></ruby> <ruby>되나<rt>デナ</rt></ruby>?

オンラインで前売り券、
買ってね。

<ruby>온라인으로<rt>オンライヌロ</rt></ruby> <ruby>예매해<rt>イェメヘ</rt></ruby>.

当日券が買えるはずだけど？

<ruby>당일표<rt>タンイルピョ</rt></ruby> <ruby>살 수<rt>サルス</rt></ruby> <ruby>있을걸<rt>イスルコル</rt></ruby>?

当日券は完売だって。

<ruby>당일표<rt>タンイルピョ</rt></ruby> <ruby>매진이래<rt>メジニレ</rt></ruby>.

運動しに行こう。

<ruby>운동하러<rt>ウンドンハロ</rt></ruby> <ruby>가자<rt>カジャ</rt></ruby>.

体がだいぶ固くなってる。

<ruby>몸이<rt>モミ</rt></ruby> <ruby>많이<rt>マニ</rt></ruby> <ruby>굳었어<rt>クドッソ</rt></ruby>.

バドミントンやる？

<ruby>배드민턴<rt>ベドゥミントン</rt></ruby> <ruby>칠까<rt>チルカ</rt></ruby>?

| 語句 | | |
|---|---|---|
| ・영화관 | ヨンファガン | 映画館 |
| ・개봉 | ケボン | 封切 |
| ・상영 | サンヨン | 上映 |
| ・당일표 | タンイルピョ | 当日券 |
| ・매진 | メジン | 完売、売り切れ |

## 子供の遊び

お外で遊ぼう。
ナガソ　ノルジャ
나가서 놀자.

ボール遊び、する。
コンチャギハゴ　ノルラ
공차기하고 놀아.

滑り台を滑る？
ミクロムトゥル タルレ
미끄럼틀 탈래?

ブランコに乗る？
クネ　タルレ
그네 탈래?

ブランコを押してあげる。
クネ　ミロジュルケ
그네 밀어줄게.

かくれんぼしようか？
スバコクチル ハルカ
숨바꼭질할까?

隠れるところがない。
スムル　テガ　オップソ
숨을 데가 없어.

鬼ごっこしよう。
スルレジャップキ ハジャ
술래잡기하자.

出さなきゃ負けよ、じゃんけんポン！
アン ネミョン スルレ　カウィバウィボ
안 내면 술래, 가위바위보!

誰が鬼？
ヌガ　スルレヤ
누가 술래야?

外で遊ぶ

| 語句 | | |
|---|---|---|
| ・미끄럼틀 타다 | ミクロムトゥル タダ | 滑り台を滑る |
| ・그네 타다 | クネ タダ | ブランコに乗る |
| ・숨바꼭질 | スンバコクチル | かくれんぼ |
| ・술래잡기 | スルレチャプキ | 鬼ごっこ |

# 7

# 外で食事

　人と外で会ったときの、食事やお茶の場面を想定したフレーズです。

　食べ物・飲み物のテイクアウトですが、コーヒーなどは日本同様、英語の「테이크 아웃」、その他の料理は「포장」を使います。食べ物の「持ち帰りです」と言いたいときは「포장해주세요」(直訳は「包装してください」)、ドリンクは「테이크아웃이요」と頼みましょう。

| | |
|---|---|
| 何が好き？ | モ ジョアヘ<br>뭐 좋아해? |
| 何を食べようか？ | モ モクチ<br>뭐 먹지? |
| 食べたいの、ある？ | モッコ シプン ゴ イッソ<br>먹고 싶은 거 있어? |
| 食べられないもの、ある？ | モン モンヌン ゴ イッソ<br>못 먹는 거 있어? |
| 食べ物アレルギーある？ | ウムシンムル アルレルギ イッソ<br>음식물 알레르기 있어? |
| 甲殻類アレルギーなの。 | カップカンニュ アルレルギヤ<br>갑각류 알레르기야. |
| ベジタリアンなの。 | ベジトリオニヤ<br>베지테리언이야. |
| 私、菜食主義なの。 | ナ チェシンクチュイヤ<br>나 채식주의야. |
| ビーガン料理あるかな？ | ビゴン ヨリ インナ<br>비건 요리 있나? |
| それ、食べに行こう。 | クゴ モグロ ガジャ<br>그거 먹으러 가자. |

---

| 語句 | | | |
|---|---|---|---|
| | ・못 먹다 | モン モクタ | 食べられない |
| | ・음식물 | ウムシンムル | 食べ物 |
| | ・알레르기 | アルレルギ | アレルギー |
| | ・베지테리언 | ベジトリオン | ベジタリアン |
| | ・채식주의 | チェシックチュイ | 菜食主義 |

甘いのが食べたい。

ダルダラン　ゲ　モッコ　シポ
달달한 게 먹고 싶어.

さっぱりしたのが食べたい。

カルクマン　ゲ　モッコ　シポ
깔끔한 게 먹고 싶어.

麺が食べたい。

ミョニ　モッコ　シポ
면이 먹고 싶어.

おいしい店、検索してみよう。

マッチップ コムセケボジャ
맛집 검색해보자.

口コミが気になるな。

フギガ　　クングマネ
후기가 궁금하네.

この店、うまいよ。

イ ジッノ チャレ
이 집 잘해.*7

トンカツのうまい店あるよ。

ドンカス　　チャラヌンデ　　イッソ
돈가스 잘하는 데 있어.

コスパがいいの。

カソンビガ　チョア
가성비가 좋아.*8

悪くない。

ナップジ　アナ
나쁘지 않아.

これまで食べた中で最高。

モゴボン　ジップ チュンエソ　チェゴ
먹어본 집 중에서 최고.

| 語句 | ・달달하다 | タルダラダ | 甘い　※元は地方の方言 |
| --- | --- | --- | --- |
| | ・깔끔하다 | カルクマダ | さっぱりする |
| | ・면 | ミョン | 麺 |
| | ・후기 | フギ | 口コミ、レビュー、コメント |
| | ・잘하다 | チャラダ | うまい、おいしい |

**喫茶**

| どこかでコーヒーの香りがする。 | 어디서 커피 향이 난다.<br>オディソ コピ ヒャンイ ナンダ |
| --- | --- |
| コーヒー飲む？ | 커피 마실까?<br>コピ マシルカ |
| ここ、有名な店だって。 | 여기 유명한 집이래.<br>ヨギ ユミョンハン チビレ |
| 私はアイスアメリカーノ。 | 나는 아이스 아메리카노.<br>ナヌン アイス アメリカノ |
| 温かいのが飲みたい。 | 따뜻한 거 마시고 싶어.<br>ッタトゥタン ゴ マシゴ シポ |
| カフェラテを頼んで。 | 카페라테 시켜줘.<br>カペラッテ シキョジョ |
| ゆず茶、あるかな？ | 유자차 되나?<br>ユジャチャ デナ |
| 席は空いてない？ | 빈 자리 없어?<br>ピン チャリ オップソ |
| 満席だわ。 | 자리가 꽉 찼네.<br>チャリガ カク チャンネ |
| テイクアウトしようか。 | 테이크아웃 하자.<br>テイクアウッ ハジャ |

外で食事

| **語句** | ・유명하다 | ユミョンハダ | 有名だ |
| --- | --- | --- | --- |
| | ・시키다 | シキダ | 注文する、頼む |
| | ・빈 자리 | ピン ジャリ | 空席 |
| | ・자리(가) 차다 | チャリガ チャダ | 満席だ、席が埋まる |
| | ・테이크아웃 | テイクアウッ | テイクアウト、持ち帰り |

161

**お酒**

| | |
|---|---|
| 一杯やる？ | ハンジャナルカ<br>한잔할까? |
| ワインどう？ | ワイン　オッテ<br>와인 어때? |
| 洋酒にする？ | ヤンジュロ　ハルカ<br>양주로 할까? |
| おしゃれにカクテル？ | ブニギ　　イッケ　カクテイル<br>분위기 있게 칵테일? |
| ビール？ | メクチュ<br>맥주? |
| 焼酎とビールのカクテルを作ろうか？ | ソメック マラジュルカ<br>소맥 말아줄까? |
| アナゴには焼酎だね。 | ブンジャンオエン ソジュジ<br>붕장어엔 소주지. |
| いける口？ | スル　チャレ<br>술 잘해? |
| どれぐらい飲める？ | チュリャンイ　オトッケ　デ<br>주량이 어떻게 돼?*9 |

| 語句 | | | |
|---|---|---|---|
| ・한잔하다 | ハンジャナダ | 軽く一杯飲む |
| ・와인 | ワイン | ワイン |
| ・칵테일 | カクテイル | カクテル |
| ・맥주 | メクチュ | ビール |
| ・술 | スル | 酒 |

私は下戸。

난 잘 못 마셔.
ナン　チャル　モン　マショ

下戸の肴荒らしってね。

안주 빨 세우는 편이야.
アンジュ　パル　セウヌン　ピョニヤ

肴、最高だね。

안주가 기가 막히네.
アンジュガ　キガ　マキネ

この店どうやって見つけたの？

이 집 어떻게 알았어.
イ　ジップ　オトッケ　アラッソ

ワインと合う。

와인이랑 잘 맞는다.
ワインイラン　チャル　マンヌンダ

もう酔ってきた。

벌써 취하는데.
ボルソ　チハヌンデ

ちょっと酔いが回ってきてる。

좀 취한 거 같아.
チョム　チハン　ゴ　ガタ

そんなに飲んでないんだけど…

얼마 안 마셨는데…
オルマ　アン　マションヌンデ

明日は二日酔いかな。

내일 속 아프겠다.
ネイル　ソッグ　アプゲッタ

次は私がおごるね。

다음엔 내가 살게.
タウメン　ネガ　サルケ

| 語句 | ・〜는 편 | ヌン　ピョン | （どちらかというと）〜するほう |
|---|---|---|---|
| | ・안주 | アンジュ | （酒の）肴、おつまみ |
| | ・취하다 | チハダ | 酔う |
| | ・속(이)아프다 | ソギ　アプダ | 二日酔い、お腹が痛い |
| | ・사다 | サダ | おごる、買う |

＊1 「바람（을）쐬다」は直訳すると「風にあたる」ですが、気分転換のために外に出て歩くという意味になります。車社会の現代ではドライブに行くのも「바람 쐬러」出かける範疇です。


＊2 「동〔洞〕네」は韓国の行政区域で、日本の「町」の単位。


＊3 「一つだけ買えば」のフレーズのように「～すれば（いいんじゃない？）」という表現を韓国語に直したいとき、直訳では「～하면（되잖아）」となるから「～하면」でいいかな？と思いがちですが、NG です。このときの日本語の「～すれば」は仮定表現というより「～して（しなさい）」の意味合いを持つ表現なので、「～사　～買って（買いなさい）」でOK。


＊4 「차 가지고 갈까？」（自家用車を（運転して）持って行く？）という表現です。


＊5 ～（으）려고の表現：「A（으）려고＋B한다」は「A するために（～しようと思って）B する」というフレーズで、B を省略して使うことが多い表現です。


＊6 「장만하다」は「したくする、用意する、購入する」。主に大きな物（高額な物）を購入するときに使います。ただ、人によって高額・大きな買い物の基準は違うので「よし、買うぞ」という気持ちがあればOK。


＊7 「집」は「家」という意味だけでなく「お店」をいうときも使います。なお「이 집 잘해」は、どのお店にも使える万能フレーズで、メガネ屋さん、マッサージ屋さんなら、この店いいよ（上手いよ）という表現に。


＊8 「가성비 가격 대비 성능」（価格対比性能）の略。


＊9 「주량」は「酒量」、「～이（가）어떻게 돼？」は応用範囲の広いフレーズで、日本語だと「～は？」という、くだけた質問表現。「이름이 어떻게 돼？」（名前は何？）、「나이가 어떻게 돼？」（年齢は？）、「가족이 어떻게 돼？」（家族は？）、「형제가 어떻게 돼？」（兄弟は？）など。

# Lesson 6

# 生活の中の会話

　家族や親しい友達と日常的に交わされる天気や家族、ペットの話題などのフレーズをピックアップしました。また、身体の不調やケガの表現など、日常生活の中でありそうなシーンを集めました。

# 天気

晴れたり、雨が降ったり、暑い、寒いなど、毎日一度は口にする天気の話題。よく使うフレーズを集めました。

| | |
|---|---|
| 外の天気はどう？ | バケ　ナルシ　オッテ<br>밖에 날씨 어때? |
| 今日、何度？ | オヌル ミョッ トヤ<br>오늘 몇 도야? |
| いい天気？ | ナルシ　チョア<br>날씨 좋아? |
| いい天気だね。 | ナルシ チャム チョッタ<br>날씨 참 좋다. |
| 快晴だね。 | ファチャンハダ<br>화창하다. |
| 太陽が出てきた。 | ヘガ　ナワンネ<br>해가 나왔네. |
| 日差しが強い。 | ヘッピョチ タガプタ<br>햇볕이 따갑다. |
| くもってる。 | フリョッソ<br>흐렸어. |
| 雨だ。 | ピ　オンダ<br>비 온다. |
| 晴れたね。〔雨が止んで〕 | ナリ　ケオンネ<br>날이 개었네. |

天気

---

| 語句 | ・밖 | パック | 外 |
|---|---|---|---|
| | ・몇 도 | ミョット | 何度 |
| | ・흐리다 | フリダ | くもる、くもっている |
| | ・비(가) 오다 | ピガ オダ | 雨（が）降る |
| | ・개다 | ケダ | 天気が回復する |

| 雨が降りそう。 | <ruby>비<rt>ピガ</rt></ruby>가 올 것 같아. |
|---|---|
| | ピガ オル コ ガタ |
| | 비가 올 것 같아. |

雨が降りそう。 — ピガ オル コ ガタ — 비가 올 것 같아.

雪でも降るのかな？ — ヌニ オリョナ — 눈이 오려나?

すぐ止みそうだわ。 — コッ グチル コ ガタ — 곧 그칠 거 같아.

虹が出た。 — ムジゲガ ナワンネ — 무지개가 나왔네.

霧がかかってる。 — アンゲガ キョッソ — 안개가 꼈어.

雲がかかってる。 — クルミ キョッソ — 구름이 꼈어.

雷が鳴る音、聞いた？ — チョンドゥン チヌン ソリ ドゥロッソ — 천둥 치는 소리 들었어?

風が強い。 — バラミ マニ ブロ — 바람이 많이 불어.

台風が来るんだって。 — テプンイ オンデ — 태풍이 온대.

来週から梅雨だって。 — タウムチュブト チャンマレ — 다음주부터 장마래.

---

**語句**
- 그치다　　クチダ　　　　　　（雨・雪などが）止む
- 무지개　　ムジゲ　　　　　　虹
- 천둥치다　チョンドゥンチダ　雷が鳴る
- 태풍　　　テプン　　　　　　台風
- 장마　　　チャンマ　　　　　梅雨

今日は暖かいね。

オヌルン　タトゥタネ
오늘은 따뜻하네.

春みたい。

ポム ナルッシ　ガタ
봄 날씨 같아.

暑くない？

ドップチ　アナ
덥지 않아?

暑すぎ。

ノム　ドゥオ
너무 더워.

涼しい。

シウォナダ
시원하다.

肌寒いわ。

ッサルサラネ
쌀쌀하네.

寒い。

チュプタ
춥다.

花冷えだよ。

ッコッセムチュウィヤ
꽃샘추위야.

揺れたみたいだけど…

フンドゥルリン ゴ ガトゥンデ
흔들린 거 같은데…

地震？

チジン　ナッソ
지진 났어?

天気

| 語句 | ・봄 | ポム | 春 |
|---|---|---|---|
| | ・덥다 | トップタ | 暑い |
| | ・시원하다 | シウォナダ | 涼しい |
| | ・흔들리다 | フンドゥルリダ | 揺れる |
| | ・지진(이) 나다 | チジニ ナダ | 地震が発生する |

# 2

# 家族について

　小さい頃は「엄마」(ママ)、「아빠」(パパ)、大きくなるにつれて「어머니」(お母さん)、「아버지」(お父さん)と呼び方は変わるのは日本と大体同じですが、身内に対しても、外部の人に対しても年長者について話すときは敬語を使うところが日本との大きな違いです。

　友だちとのパンマルでの会話で「ご両親はどんな仕事をされているの？」は「부모님 뭐하셔?」、答えるときも「농사 지으셔（農業をされている）」というように敬語（下線部分）を使うので気をつけましょう。

家族写真を見ながら

|  |  |
|---|---|
| うちの家族だよ。 | ウリ　カジョギヤ<br>우리 가족이야. |
| こちらが両親。 | イチョギ　プモニム<br>이쪽이 부모님. |
| 真ん中がおじいさんとおばあさん。 | カウンデガ　ハラボジ　ハルモニ<br>가운데가 할아버지 할머니. |
| これは私で… | イゴン　ナゴ<br>이건 나고… |
| 私の隣が弟〔妹〕。 | ネ　ヨピ　ドンセン<br>내 옆이 동생. |
| 誰に似てるの？ | ヌグ　ダルマッソ<br>누구 닮았어? |
| よく似てる。 | マニ　ダルマッタ<br>많이 닮았다. |
| そっくり！〔判でついたように〕 | ブンオパンイネ<br>붕어빵이네! |
| 全然似てないんだけど。 | ハナド　アン　ダルマンヌンデ<br>하나도 안 닮았는데. |

| 語句 | | | |
|---|---|---|---|
| ・우리 | ウリ | 私たちの、うちの | |
| ・가족 | カゾック | 家族 | |
| ・내 (나의) | ネ | 私の | |
| ・닮다 | タムタ | 似る | |
| ・붕어빵 | プンオッパン | 瓜二つである様。※元の意は「鯛焼き」 | |

似てるって、どこが？

<ruby>オディガ<rt></rt></ruby> <ruby>ダルマッタゴ<rt></rt></ruby>
어디가 닮았다고?

目尻の笑いじわとか？

<ruby>ヌヌスム<rt></rt></ruby> <ruby>チヌン ゴ<rt></rt></ruby>
눈웃음 치는 거?

エクボがそっくり。

<ruby>ポジョゲガ<rt></rt></ruby> <ruby>ットカタ<rt></rt></ruby>
보조개가 똑같아.

笑顔が似てるね。

<ruby>ウンヌン オルグリ<rt></rt></ruby> <ruby>ビスタネ<rt></rt></ruby>
웃는 얼굴이 비슷하네.

**家族の話題**

弟が一番背が高いの。

<ruby>ナムドンセンイ チェイル キガ コ<rt></rt></ruby>
남동생이 제일 키가 커.

私だけメガネだよ。

<ruby>ナマン アンギョンイヤ<rt></rt></ruby>
나만 안경이야.

弟〔妹〕は勉強ができるのよ。

<ruby>トンセンイ コンブルル チャレ<rt></rt></ruby>
동생이 공부를 잘해.

兄弟は何人？

<ruby>ヒョンジェガ ミョチヤ<rt></rt></ruby>
형제가 몇이야?

三兄弟。

<ruby>サミョンジェ<rt></rt></ruby>
삼 형제.

| 語句 | ・보조개 | ポジョゲ | エクボ |
|---|---|---|---|
| | ・똑같다 | ットガッタ | そっくりだ |
| | ・비슷하다 | ピスタダ | 似通っている、類似している |
| | ・키가 크다 | キガ クダ | 背が高い |
| | ・형제 | ヒョンジェ | 兄弟 |

| | |
|---|---|
| 何歳違い？ | ミョッ サル トウリヤ<br>몇 살 터울이야? |
| 年がけっこう離れてるの。 | ナイ　チャイガ　マニ　ナ<br>나이 차이가 많이 나. |
| みんな独立してるよ。 | タ　ドンニップヘッチ<br>다 독립했지. |
| みんな仲がいいの。 | タドゥル　サイガ　チョア<br>다들 사이가 좋아. |
| お兄さんはいる？ | オッパ　イッソ<br>오빠 있어? |
| ご両親は何をされてるの？ | プモニム　モハショ<br>부모님 뭐하셔? |
| 田舎に住んでいるの。 | シゴレ　サショ<br>시골에 사셔. |
| 優しそうだね。 | オナヘ　ボイシンダ<br>온화해 보이신다. |
| 厳しい？ | オムキョカショ<br>엄격하셔? |
| 全然。 | ハナドゥ<br>하나도. |

家族について

---

**語句**
- 나이　　　　　ナイ　　　　　　　　　年、年齢
- 사이가 좋다　サイガ チョッタ　　　仲がいい
- 오빠　　　　　オッパ　　　　　　　　お兄さん、兄　※妹が兄に対して。
- 온화하다　　　オナハダ　　　　　　　温和だ、優しい
- 엄격하다　　　オムキョッカダ　　　　厳格だ、厳しい

# 身じたく・着がえる

　服を着たり、脱いだり、メガネや時計、アクセサリーを
つける、はずすなどの動作のフレーズです。

| | |
|---|---|
| 着がえなきゃ。 | オッ　カライボヤジ<br>옷 갈아입어야지. |
| 何を着ようかな。 | モル　イップチ<br>뭘 입지? |
| 今日はスーツを着ないといけない。 | オヌルン　チョンジャン　イボヤ　ヘ<br>오늘은 정장 입어야 해. |
| スカートを履こうかな。 | チマ　イブルカ<br>치마 입을까? |
| ズボンのほうがいいかな。 | パジガ　ナウルカ<br>바지가 나을까? |
| 靴は何を履こうかな。 | シンバルン　モ　シンチ<br>신발은 뭐 신지? |
| ネクタイを結ばないとダメかな。 | ネクタイ　メヤ　デナ<br>넥타이 매야 되나?*1 |
| マフラーしようかな。 | モクトリ　ドゥルカ<br>목도리 두를까? |
| 服を着よう。 | オン　ニブチャ<br>옷 입자. |

身じたく・着がえる

---

| **語句** | ・옷(을) 갈아입다 | オスル　カライプタ | 服（を）着替える |
|---|---|---|---|
| | ・입다 | イプタ | 着る、(スカートなどを) 履く |
| | ・치마 | チマ | スカート |
| | ・바지 | パジ | ズボン、パンツ |
| | ・신발 | シンバル | 靴、履物 |

＊1 「～야 되다」（～しなければならない）は「～야 하다」が文法的には正しいですが、口語では「되다」をよく使います。

| | | |
|---|---|---|
| 靴下を履いてね。 | ヤンマル シノ<br>양말 신어. | |
| 手袋しなきゃ。 | チャンガップ ッキョヤジ<br>장갑 껴야지. | |
| 袖をめくってみて。 | ソメ コドバ<br>소매 걷어봐. | |
| 袖をおろしてみて。 | ソメ ネリョバ<br>소매 내려봐. | |
| ボタンが外れてるよ。 | タンチュ プルリョンネ<br>단추 풀렸네. | |
| ボタンを留めてね。 | タンチュ チェウォ<br>단추 채워. | |
| ジッパーが開いてるよ。 | ジポ ヨルリョッソ<br>지퍼 열렸어. | |
| ジッパーを上げてね。 | ジッポ オルリョ<br>지퍼 올려. | |
| ズボンが下がってる。 | バジガ ネリョワンネ<br>바지가 내려왔네. | |
| ズボンをちょっと上げて。 | バジ ジョム チュキョ<br>바지 좀 추켜. | |
| 後ろ前だよ。 | アプティガ バンデヤ<br>앞뒤가 반대야. | |

| 語句 | | | |
|---|---|---|---|
| | ・소매 | ソメ | 袖 |
| | ・단추(가) 풀리다 | タンチュガ プルリダ | ボタン（が）外れる |
| | ・단추(를) 채우다 | タンチュルル チェウダ | ボタン（を）留める |
| | ・열리다 | ヨルリダ | 開く |
| | ・반대 | パンデ | 反対 |

裏返しだよ。

ティジボ　イボンネ
뒤집어 입었네.

帽子かぶる？

モジャ　ツスルカ
모자 쓸까?

カバン持った？

カバン　ドゥロンニ
가방 들었니?

傘を入れたかな？

ウサン　ノオンナ
우산 넣었나?

傘をささなきゃ。

ウサン　ッソヤジ
우산 써야지.

傘はたたんでおいてね。

ウサン　チョボナ
우산 접어놔.

メガネをかけなきゃ。

アンギョン　ッソヤジ
안경 써야지.

コンタクトを入れなきゃ。

レンズッ　キョヤジ
렌즈 껴야지.

コンタクトをはずさなきゃ。

レンズッ　ペヤジ
렌즈 빼야지.

腕時計をして…

シゲルル　チャゴ
시계를 차고…

身じたく・着がえる

| 語句 | | |
|---|---|---|
| ・뒤집다 | ティジップタ | 裏返す |
| ・우산(을) 쓰다 | ウサヌル　ッスダ | 傘（を）さす |
| ・접다 | チョプタ | 折りたたむ |
| ・안경(을) 쓰다 | アンギョンウル　ッスダ | メガネ（を）かける |
| ・시계를 차다 | シゲルル　チャダ | 時計をする |

# 体を動かす

このパートでは「〜어・아 봐」の形がたくさん出てきます。

「〜봐」(基本形 보다) は日本語の「〜てみる」ですが「試しに・一回だけ」という意味合いはあまりなく、「〜して（ください)」というソフトな命令形で使われています。

| 日本語 | 韓国語（カタカナ発音） |
|---|---|
| 体を動かしてみようか。 | モムル ウムジギョ ボルカ<br>몸을 움직여 볼까? |
| 目を閉じて。 | ヌン ガマバ<br>눈 감아봐. |
| 目を開けて。 | ヌン ットバ<br>눈 떠봐. |
| 口を開けて。 | イブル ボルリョバ<br>입을 벌려봐. |
| 口を閉じてもいいよ。 | イップ タムロド デ<br>입 다물어도 돼. |
| 上を見て。 | ウィルル バ<br>위를 봐. |
| 下を見て。 | アレルル バ<br>아래를 봐. |
| 頭を上げて。 | コゲルル ドゥロバ<br>고개를 들어봐. |
| 頭を下げて。 | コゲルル スギョバ<br>고개를 숙여봐. |
| 横を向いて。〔頭を回して。〕 | コゲルル ドルリョバ<br>고개를 돌려봐. |

体を動かす

---

| 語句 | | | |
|---|---|---|---|
| ・움직이다 | ウムジギダ | 動く |
| ・위 | ウィ | 上 |
| ・아래 | アレ | 下 |
| ・고개(를) 들다 | コゲルル トゥルダ | 頭・顔（を）上げる |
| ・고개(를) 숙이다 | コゲルル スギダ | 頭・顔（を）下げる |

手を挙げて。

ソヌル　ドゥロバ
손을 들어봐.

左手を挙げて。

ウェンソン ドゥロバ
왼손 들어봐.

右手を高く挙げて。

オルンソン ボンチョック
오른손 번쩍.

手を下ろして。

ソン ネリョ
손 내려.

両腕を持ち上げて…

ドゥ パルル　ドゥロ　オルリョソ
두 팔을 들어 올려서…

左の肘をつかんで…

ウェンチョック パルクムチルル ジャッツプコ
왼쪽 팔꿈치를 잡고…

右に引っぱって。

オルンチョグロ　タンギョバ
오른쪽으로 당겨봐.

腕をグッと伸ばして。

パルル チュック ピョバ
팔을 쭉 펴봐.

両方とも。

ドゥ パル ダ
두 팔 다.

下ろして。

ネリョ
내려.

| 語句 | | | |
|---|---|---|---|
| | ・왼손 | ウェンソン | 左手 |
| | ・오른손 | オルンソン | 右手 |
| | ・두 팔 | トゥ パル | 両腕 |
| | ・왼쪽 | ウェンチョック | 左側 |
| | ・오른쪽 | オルンチョック | 右側 |

180

肩を回して。     オッケルル　ドルリョバ
어깨를 돌려봐.

右脚を上げて。     オルンチョック タリ ドゥルゴ
오른쪽 다리 들고.

左脚は後ろに。     ウェンチョック タリヌン ディロ
왼쪽 다리는 뒤로.

脚を伸ばして。     タリルル　　ポドバ
다리를 뻗어봐.

前にスッと。     アプロ　チュック
앞으로 쭉.

膝を曲げて。     ムルプル　　グピョバ
무릎을 굽혀봐.

膝を伸ばして。     ムルプル　ピョバ
무릎을 펴봐.

腰を曲げてから…     ホリルル　　グピョッタガ
허리를 굽혔다가…

気持ち良く伸ばして。     シウォナゲ　チュック ピョバ
시원하게 쭉 펴봐.

腰を後ろにそらして。     ホリルル　ティロ　チョッチョバ
허리를 뒤로 젖혀봐.

体を動かす

| 語句 | | | |
|---|---|---|---|
| ・어깨 | オッケ | 肩 |
| ・다리 | タリ | 脚 |
| ・뒤 | ティ | 後ろ |
| ・앞으로 | アプロ | 前に |
| ・허리 | ホリ | 腰 |

| 横になってみて。 | ヌウォバ<br>누워봐. |
| 座って。 | アンジャ<br>앉아. |
| 立って。 | イロソバ<br>일어서봐. |
| 走って。 | ッティオバ<br>뛰어봐. |
| 歩いて。 | コロバ<br>걸어봐. |
| 腹ばいで進んで。 | キオガ　バ<br>기어가 봐. |
| しゃがんでから… | ウンクリョッタガ<br>웅크렸다가… |
| ピョンと跳ねて… | ッカンチュン ッティオソ<br>깡충 뛰어서… |
| ジャンプ。 | ッチョンプ<br>점프. |
| 片足飛び。 | ハン　バルロ　ティギ<br>한 발로 뛰기. |

| 語句 | ・눕다 | ヌプタ | 横になる |
| | ・앉다 | アンタ | 座る |
| | ・일어서다 | イロソダ | 立ち上がる |
| | ・뛰다 | ッティダ | 走る |
| | ・걷다 | コッタ | 歩く |

かかとを上げて…

バルクムチ　ドゥルゴ
발꿈치　들고…

忍び足で歩いて。

サルグムサルグム　コロバ
살금살금　걸어봐.

足踏み開始。

チェジャリゴルム　シジャック
제자리걸음　시작.

ストップ。

クマン
그만.

息が切れるね。

スミ　チャネ
숨이　차네.

息を整えよう。

スムル　ゴルジャ
숨을　고르자.

息を大きく吸って。

スムル　クゲ　ドゥリマシゴ
숨을　크게　들이마시고.

ゆっくり吐いて。

チョンチョニ　ネシオ　バ
천천히　내쉬어　봐.

体がすっきりほぐれる感じ。

モミ　シウォナダ
몸이　시원하다.

体を動かす

| 語句 | ・발꿈치 | パルクムチ | かかと |
|---|---|---|---|
| | ・시작 | シジャック | 始め、スタート |
| | ・숨이 차다 | スミ　チャダ | 息が切れる |
| | ・들이마시다 | トゥリマシダ | (息を) 吸い込む |
| | ・내쉬다 | ネシダ | (息を) 吐き出す |

# ケガ・体の不調

　体調不良やケガ、痛みの表現など、日常生活の中でよく使う表現です。

ケガ

| | |
|---|---|
| ケガした？ | <ruby>어디<rt>オディ</rt></ruby> <ruby>다쳤어?<rt>タチョッソ</rt></ruby> |
| 指切った。 | <ruby>손가락<rt>ソンカラック</rt></ruby> <ruby>베었어.<rt>ベオッソ</rt></ruby> |
| 料理でヤケドした。 | <ruby>요리하다<rt>ヨリハダ</rt></ruby> <ruby>데었어.<rt>デオッソ</rt></ruby> |
| 足首をネンザした。 | <ruby>발목<rt>パルモック</rt></ruby> <ruby>삐었어.<rt>ッピオッソ</rt></ruby> |
| 転んだ。 | <ruby>넘어졌어.<rt>ノモジョッソ</rt></ruby> |
| 滑った。 | <ruby>미끄러졌어.<rt>ミクロジョッソ</rt></ruby> |
| 階段を踏み外した。 | <ruby>계단을<rt>ケダヌル</rt></ruby> <ruby>헛디뎠어.<rt>ホッティデョッソ</rt></ruby> |
| 階段で転げ落ちた。 | <ruby>계단에서<rt>ケダネソ</rt></ruby> <ruby>굴렀어.<rt>グルロッソ</rt></ruby> |
| ドアにぶつかった。 | <ruby>문에<rt>ムネ</rt></ruby> <ruby>부딪혔어.<rt>ブディチョッソ</rt></ruby> |

ケガ・体の不調

| 語句 | | | |
|---|---|---|---|
| ・다치다 | タチダ | ケガをする |
| ・베이다 | ペイダ | （指などを）切る |
| ・〜하다 | ハダ | 〜している最中に |
| ・데다 | デダ | ヤケドする |
| ・삐다 | ピダ | ネンザする、くじく |

| ささくれができた。 | ソン　コスロミ　センギョッソ<br>손 거스러미 생겼어. |
| 深爪しちゃった。 | ソントブル　ノム　バッチャック　チャルラッソ<br>손톱을 너무 바짝 잘랐어. |
| 膝をすりむいた。 | ムルピ　ッカジョッソ<br>무릎이 까졌어. |
| マメができた。 | ムルチブ　チャッピョッソ<br>물집 잡혔어. |
| マメがつぶれた。 | ムルチビ　トジョッソ<br>물집이 터졌어. |
| かかと、靴ずれしてる。 | バルティクムチ　ッスッリョッソ<br>발뒤꿈치 쓸렸어. |
| おでこにタンコブができた。 | イマエ　ホック　センギョッソ<br>이마에 혹 생겼어. |
| 吹き出物ができた。 | ッピョルジ　ナッソ<br>뽀루지 났어. |
| 脚がしびれた。 | タリガ　チョリョ<br>다리가 저려. |
| かゆい。 | カリョウォ<br>가려워. |
| ヒリヒリする。 | ッスラリョ<br>쓰라려. |

| 語句 | ・자르다 | チャルダ | 切る、切断する |
|---|---|---|---|
| | ・물집(이) 잡히다 | ムルチビ チャピダ | マメ（が）できる |
| | ・이마 | イマ | おでこ |
| | ・뽀루지 | ッピョルジ | 吹き出物 |
| | ・가렵다 | カリョップタ | かゆい |

186

チクチク痛い。　　　　　　　タガウォ
　　　　　　　　　　　　　　따가워.

赤くなってる。　　　　　　　パルゲジョッソ
　　　　　　　　　　　　　　빨개졌어.

青アザができてる。　　　　　モンドゥロッソ
　　　　　　　　　　　　　　멍들었어.

腫れてる。　　　　　　　　　ブオンネ
　　　　　　　　　　　　　　부었네.

血が出てる。　　　　　　　　ピナネ
　　　　　　　　　　　　　　피나네.

転げ落ちるところだった。　　グルロトロジルポネッソ
　　　　　　　　　　　　　　굴러떨어질뻔했어.

**とっさの悲鳴**

痛っ！　　　　　　　　　　　アヤ
　　　　　　　　　　　　　　아야！

痛っ！〔刺すような痛み〕　　アッ　タガ　　ウォ
　　　　　　　　　　　　　　앗! 따가 (워)！ *1

アッチッチ！〔熱い〕　　　　アッ　トゥゴ　ウォ
　　　　　　　　　　　　　　앗! 뜨거 (워)！ *2

冷たっ！　　　　　　　　　　アッ　チャガウォ
　　　　　　　　　　　　　　앗! 차가워！

ケガ・体の不調

| 語句 | ・따갑다 | ッタガプタ | チクチクする |
|---|---|---|---|
| | ・빨개지다 | パルゲジダ | 赤くなる |
| | ・붓다 | ブッタ | 腫れる、むくむ |
| | ・피(가) 나다 | ピガ ナダ | 血（が）出る |
| | ・앗！ | アッ | あっ！ ※驚いた時など、とっさの声。 |

*1と*2　正しくはそれぞれ「앗！따가워」「앗！뜨거워」ですが、とっさのことばなので省略することが多いです。

## 体の不調

どこか具合悪い？
어디 안 좋아?
（オディ　アン　ジョア）

どこか痛いの？
어디 아파?
（オディ　アパ）

どこが痛いの？
어디가 아파?
（オディガ　アパ）

熱ある？
열 있어?
（ヨリッソ）

頭、痛い？
머리 아파?
（モリ　アパ）

熱があるみたい。
열이 있는 것 같아.
（ヨリ　インヌン　ゴ　ガタ）

熱を測ろうか。
열을 재봐야겠어.
（ヨルル　ジェバヤゲッソ）

37.5 度だな。
37.5도네.
（サムシップチルチョム　オドネ）

微熱がある。
미열이 있어.
（ミヨリ　イッソ）

| 語句 | | | |
|------|------|------|------|
| ・안 좋다 | アン　ジョッタ | 良くない |
| ・머리(가) 아프다 | モリガ　アップダ | 頭（が）痛い |
| ・열(을) 재다 | ヨルル　チェダ | 熱（を）測る |
| ・미열 | ミヨル | 微熱 |

ちょっと熱がある。
ヨリ　チョム　インネ
열이 좀 있네.

けっこう熱が出てる。
ヨリ　マニ　ナネ
열이 많이 나네.

目まいがする。
オジロウォ
어지러워.

咳が出るの。
キチミ　ナ
기침이 나.

クシャミがひどいの。
チェッチェギガ　シメ
재채기가 심해.

鼻水が出る。
コンムリ　ナ
콧물이 나.

鼻がムズムズする。
コガ　ガンジルカンジレ
코가 간질간질해.

お腹が痛い。
ペガ　アパ
배가 아파.

胃が重い。
ソギ　トブルケ
속이 더부룩해.

胸やけがする。
ソギ　ッスリョ
속이 쓰려.

ケガ・体の不調

| 語句 | · 열(이) 나다 | ヨリ ナダ | 発熱する |
|---|---|---|---|
| | · 어지럽다 | オジロップタ | 目まいがする |
| | · 재채기 | チェチェギ | くしゃみ |
| | · 콧물 | コンムル | 鼻水 |
| | · 더부룩하다 | トブルカダ | (消化不良で) 胃が重い |

のどがチクチクする。 목이 따끔따끔해.
（モギ ッタクムッタクメ）

唇に炎症を起こしてる。 입술이 부르텄네.
（イップスリ ブルトンネ）

舌炎ができてる。 혓바늘이 돋았어.
（ヒョッパヌリ トダッソ）

口内炎ができてる。 입 안이 헐었어.
（イバニ ホロッソ）

目が乾く。 눈이 뻑뻑해.
（ヌニ パクパケ）

目がしみる。〔ショボショボする〕 눈이 시려.
（ヌニ シリョ）

生理痛がひどい。 생리통이 너무 심해.
（センリトンイ ノム シメ）

肩が凝ってる。 어깨가 결리네.
（オッケガ ギョルリネ）

体じゅうが痛い。 온몸이 쑤신다.
（オンモミ ッスシンダ）

体が重いな。 몸이 무거워.
（モミ ムゴウォ）

| 語句 | ・목 | モック | のど、首 |
| --- | --- | --- | --- |
| | ・입술 | イップスル | 唇 |
| | ・시리다 | シリダ | （目が）しみる |
| | ・생리통 | センリトン | 生理痛 |
| | ・온몸 | オンモム | 全身 |

**自己診断**

風邪っぽい。
<small>カムギ キウニ インヌン ゴ ガタ</small>
감기 기운이 있는 거 같아.

風邪を引いたみたい。
<small>カムギ ゴルリョンナ バ</small>
감기 걸렸나 봐.

風邪を移されたかな？
<small>カムギ オルマンナ</small>
감기 옮았나?

疲労からくる風邪だと思う。
<small>モムサルガムギイン ゴ ガタ</small>
몸살감기인 것 같아.

鼻炎みたい。
<small>ビヨミンガ バ</small>
비염인가 봐.

アレルギーみたい。
<small>アルレルギイン ゴ ガタ</small>
알레르기인 것 같아.

消化不良みたい。
<small>ソファブルリャンイン ゴ ガタ</small>
소화불량인 것 같아.

胃もたれみたい。
<small>チェヘンナ バ</small>
체했나 봐.

お腹をこわしたみたい。
<small>ペタル ナンナ バ</small>
배탈 났나 봐.

ケガ・体の不調

| 語句 | ・감기 걸리다 | カムギ コルリダ | 風邪（を）引く |
| --- | --- | --- | --- |
| | ・옮다 | オムタ | （病気などが）移る |
| | ・비염 | ピヨム | 鼻炎 |
| | ・소화불량 | ソファブルリャン | 消化不良 |
| | ・배탈나다 | ペタルナダ | お腹をこわす |

| 盲腸とかじゃないよね？ | メンジャンヨム イロン ゴ アニゲッチ<br>맹장염 이런 건 아니겠지? |
| ものもらいができたみたい。 | ヌン タレッキ ナン ゴ ガタ<br>눈 다래끼 난 거 같아. |
| 虫刺されみたい。 | ボルレ ムルリョンナ バ<br>벌레 물렸나 봐. |
| 蚊に刺された。 | モギ ムルリョッソ<br>모기 물렸어. |
| ハチに刺されたみたい。 | ボレ ッソイン ゴ ガタ<br>벌에 쏘인 것 같아. |
| 無理しすぎたみたい。 | ノム ムリヘンナ バ<br>너무 무리했나 봐. |
| 疲れすぎ？ | ノム ピゴネンナ<br>너무 피곤했나? |
| たぶん睡眠不足だね。 | スミョン ブジョギル コヤ<br>수면 부족일 거야. |
| 筋肉痛かな？ | クニュックトンインガ<br>근육통인가? |
| やっぱり何かの病気じゃないかな。 | アムレド ムスン ビョンイン ゴ ガタ<br>아무래도 무슨 병인 것 같아. |

| 語句 | ・맹장염 | メンジャンヨム | 虫垂炎、盲腸炎 |
| | ・눈 다래끼 | ヌン タレッキ | ものもらい |
| | ・피곤하다 | ピゴナダ | 疲れる、疲労困憊する |
| | ・수면 부족 | スミョン ブジョック | 睡眠不足 |
| | ・근육통 | クニュックトン | 筋肉痛 |

| | ヤック バルラッソ |
|---|---|
| 薬、塗った？ | 약 발랐어? |

| | ヤン モゴッソ |
|---|---|
| 薬、飲んだ？ | 약 먹었어? |

| | パンチャンコ ブチョ |
|---|---|
| 絆創膏を貼って。 | 반창고 붙여. |

| | パス ブチョジュルカ |
|---|---|
| 湿布を貼ってあげようか？ | 파스 붙여줄까? |

| | ホ ヘジュルカ |
|---|---|
| ふ～してあげようか？ | 호~해줄까? |

| | ビョンウォン ガバヤ デヌン ゴ アニャ |
|---|---|
| 病院に行ったほうがいいんじゃない？ | 병원 가봐야 되는 거 아냐? |

| | パルリ ビョンウォン ガ |
|---|---|
| 早く病院に行って。 | 빨리 병원 가. |

| | ウングブシル ガヤゲッタ |
|---|---|
| 救急外来に行ったほうがよさそう。 | 응급실 가야겠다.＊3 |

| | チョム シオ |
|---|---|
| ちょっと休んで。 | 좀 쉬어. |

| | オルルン ナアヤ ハル テンデ |
|---|---|
| 早く治ってくれないかな。 | 얼른 나아야 할 텐데. |

ケガ・体の不調

| 語句 | ・약 | ヤック | 薬 |
|---|---|---|---|
| | ・약 (을) 먹다 | ヤグル モクタ | 薬を飲む |
| | ・병원 | ピョンウォン | 病院 |
| | ・응급실 | ウングブシル | 救急外来 |

＊3 「응급실」（救急外来）は漢字で書くと「応急室」。救急車など緊急を要する際の電話番号は119です。「일일구（イルイルグ）」と読みます。

# 6

# ペット・ガーデニング

　これまでペットは「애완동물」（愛玩動物）という言い方をしてきましたが、近年、意識の変化などにより、共に生きる「반려동물」（伴侶動物）という表現に変わってきています。

　犬は「개」「강아지」（子犬）、それから鳴き声から「멍멍이」（ワンちゃん）と言いますが、「멍멍이」とパッと見て、文字が似ていることから最近は「댕댕이」と表現することが多いです。ネコは「고양이」「야옹이」（ニャンちゃん）、野良猫は「길냥이」（路上のニャンコ）と言います。

何を飼ってるの？　　　<ruby>뭐<rt>モ</rt></ruby> <ruby>키워<rt>キウォ</rt></ruby>?

ネコを飼ってる。　　　<ruby>고양이<rt>コヤンイ</rt></ruby> <ruby>키워<rt>キウォ</rt></ruby>.

この子の名前は何？　　<ruby>얘<rt>イェ</rt></ruby> <ruby>이름이<rt>イルミ</rt></ruby> <ruby>뭐야<rt>モヤ</rt></ruby>?

餌をあげちゃダメ？　　<ruby>먹이<rt>モギ</rt></ruby> <ruby>주면<rt>ジュミョン</rt></ruby> <ruby>안<rt>アン</rt></ruby> <ruby>돼<rt>デ</rt></ruby>?

犬派？　ネコ派？　　　<ruby>멍멍이<rt>モンモンイ</rt></ruby> <ruby>파야<rt>パヤ</rt></ruby>, <ruby>고양이파야<rt>ゴヤンイパヤ</rt></ruby>?

本当にかわいい。　　　<ruby>너무<rt>ノム</rt></ruby> <ruby>귀여워<rt>キヨウォ</rt></ruby>.

なでてみて。　　　　　<ruby>쓰다듬어<rt>ッスダドゥモ</rt></ruby> <ruby>봐<rt>バ</rt></ruby>.

引っかかない？　　　　<ruby>할퀴지<rt>ハルキジ</rt></ruby> <ruby>않아<rt>アナ</rt></ruby>?

かまない？　　　　　　<ruby>안<rt>アン</rt></ruby> <ruby>물어<rt>ムロ</rt></ruby>?

吠えない？　　　　　　<ruby>안<rt>アン</rt></ruby> <ruby>짖어<rt>ジジョ</rt></ruby>?

ペット・ガーデニング

| 語句 | | | |
|---|---|---|---|
| ・키우다 | キウダ | 飼う、育てる |
| ・고양이 | コヤンイ | ネコ |
| ・먹이 | モギ | 餌 |
| ・쓰다듬다 | ッスダドゥムタ | なでる |
| ・물다 | ムルダ | かむ |

| | | |
|---|---|---|
| インコを飼いたい。 | インコ　キウゴ　シポ<br>잉꼬 키우고 싶어. | |

| | | |
|---|---|---|
| うちでは飼えないよ。 | ウリ　ジブン　モッ　キウォ<br>우리 집은 못 키워. | |

| | | |
|---|---|---|
| ネコのトイレを掃除して。 | ゴヤンイ　ファジャンシル　チョンソヘ<br>고양이 화장실 청소해. | |

| | | |
|---|---|---|
| 水を替えてあげなくちゃ。 | ムル　カラジョヤジ<br>물 갈아줘야지. | |

| | | |
|---|---|---|
| ごはんをあげて。 | パプ　チョラ<br>밥 줘라. | |

| | | |
|---|---|---|
| ワンちゃんの散歩に<br>行かなくちゃ。 | カンアジ　サンチェック　カヤジ<br>강아지 산책 가야지. | |

| | | |
|---|---|---|
| お手！ | ソン<br>손! | |

| | | |
|---|---|---|
| お座り！ | アンジャ<br>앉아! | |

| | | |
|---|---|---|
| 待て！ | キダリョ<br>기다려! | |

| | | |
|---|---|---|
| 伏せ！ | オップトゥリョ<br>엎드려! | |

---

| 語句 | ・잉꼬 | インコ | インコ |
|---|---|---|---|
| | ・화장실 | ファジャンシル | トイレ |
| | ・갈아주다 | カラジュダ | 取り替えてあげる |
| | ・엎드리다 | オプトゥリダ | 伏せる、うつ伏せる |

植物

| きれいな花！ | コット イェップダ<br>꽃 예쁘다! |
| どこに生けようかな？ | オディダ コジュルカ<br>어디다 꽂을까? |
| どこに植えようかな？ | オディエ シムルカ<br>어디에 심을까? |
| 植木鉢に水をあげなきゃ。 | ファブネ ムル チョヤジ<br>화분에 물 줘야지. |
| ちょっと、しおれてる。 | チョム シドゥロンネ<br>좀 시들었네. |
| 緑が元気だわ。 | パルッパルタネ<br>파릇파릇하네. |
| 新芽が出た。 | セッサギ ナワッソ<br>새싹이 나왔어. |
| もうすぐ咲きそう。 | ゴット ピゲッソ<br>곧 피겠어. |
| 花を取ったらダメよ。 | コッ コクミョン アン デ<br>꽃 꺾으면 안 돼. |
| 野菜は手がかかる。 | チェソヌン ソニ マニ ガ<br>채소는 손이 많이 가. |

ペット・ガーデニング

| 語句 | ・꽃 | コッ | 花 |
| | ・심다 | シムタ | 植える |
| | ・시들다 | シドゥルダ | しおれる |
| | ・(꽃이) 피다 | コチ ピダ | (花が) 咲く |
| | ・손이 가다 | ソニ ガダ | 手がかかる |

197

# Lesson 7

# 注意するときの
# ことば

　子供やペットなどに注意するときのことばです。強く注意する禁止命令からやんわりと注意する表現まで様々な表現があります。

　禁止の強さは、①＞②＞③となります。

① 「〜しないで」の禁止命令形。

② 「〜してはいけない」「〜しちゃだめ」

③ 「〜するのは違うよ（やめてね）」

④ 「〜してほしい、〜しないでほしい、〜してくれるとうれしいな」

　ちなみに子育ての際に推奨される言葉遣いは④。子育てのみならず、人との関わりにおいても参考になりそうです。

# 1

# 〜しないで・やめて

　「〜지 마」は「〜しないで」を表す命令表現です。
「마」はだいぶ形が違いますが、「말다」(やめる)の活用形で、
です・ます体の「말아요」から終結語尾「아요」を取った
あと、パッチムㄹが脱落した形です。

| | |
|---|---|
| やらないで。 | <sub>ハジ マ</sub><br>하지 마. |
| やめて。 | <sub>クロジ マ</sub><br>그러지 마. |
| 触らないで。 | <sub>マンジジ マ</sub><br>만지지 마. |
| 走らないで。 | <sub>ティジ マ</sub><br>뛰지 마. |
| ケンカしないで。 | <sub>ッサウジ マ</sub><br>싸우지 마. |
| 押さないで。 | <sub>ミルジ マ</sub><br>밀지 마. |
| ふざけないで。 | <sub>チャンナンチジ マ</sub><br>장난치지 마. |
| 食べないで。 | <sub>モクチ マ</sub><br>먹지 마. |
| 落書きしないで。 | <sub>ナクソハジ マ</sub><br>낙서하지 마. |
| やめてってば。 | <sub>ハジ マルラニカ</sub><br>하지 말라니까. |

〜しないで・やめて

| 語句 | ・싸우다 | ッサウダ | ケンカする |
|---|---|---|---|
| | ・밀다 | ミルダ | 押す |
| | ・장난치다 | チャンナンチダ | ふざける、いたずらする |
| | ・낙서하다 | ナクソハダ | 落書きする |
| | ・〜라니까 | ラニッカ | 〜だと言っているのに |

201

# 2

# ～しちゃダメ

　「～（으）면 안 돼」は「～したらダメ、～しちゃダメ」という表現です。
＜動詞のくっつき方＞
　パッチムなし・ㄹパッチム＋면 안 돼
　パッチムあり＋으면 안 돼

| | |
|---|---|
| やっちゃダメ。 | <ruby>ハミョン<rt></rt></ruby> アン デ<br>하면 안 돼. |
| それはダメだよ。 | クロミョン アン デ<br>그러면 안 돼. |
| 触っちゃダメ。 | マンジミョン アン デ<br>만지면 안 돼. |
| 走っちゃダメ。 | ティミョン アン デ<br>뛰면 안 돼. |
| ケンカしちゃダメよ。 | ッサウミョン アン デ<br>싸우면 안 돼. |
| 押しちゃダメ。 | ミルミョン アン デ<br>밀면 안 돼. |
| ふざけちゃダメ。 | チャンナンチミョン アン デ<br>장난치면 안 돼. |
| 食べちゃダメ。 | モグミョン アン デ<br>먹으면 안 돼. |
| 落書きしちゃダメ。 | ナクソハミョン アン デ<br>낙서하면 안 돼. |
| やっちゃダメだってば。 | ハミョン アン デンダニカ<br>하면 안 됐다니까. |

〜しちゃダメ

---

**語句**　・안 돼 ( →안되어 )　안 되다の活用形。
　　　・그러다　　クロダ　①그리하다 (そのようにする) の略。
　　　　　　　　　　　　　②그렇게 말하다 (そのように言う) の略。

# ～しないの

　「～는 거 아니야」は直訳すると「～するのは違う」ですが、自然な日本語としては「～しないの」というやんわりした禁止の表現になります。

| | |
|---|---|
| やらないの。 | ハヌン ゴ アニヤ<br>하는 거 아니야. |
| そういうことしないの。 | クロヌン ゴ アニヤ<br>그러는 거 아니야. |
| 触らないの。 | マンジヌン ゴ アニヤ<br>만지는 거 아니야. |
| 走らないの。 | ティヌン ゴ アニヤ<br>뛰는 거 아니야. |
| ケンカしないの。 | ッサウヌン ゴ アニヤ<br>싸우는 거 아니야. |
| 押さないの。 | ミヌン ゴ アニヤ<br>미는 거 아니야. |
| ふざけないの。 | チャンナンチヌン ゴ アニヤ<br>장난치는 거 아니야. |
| 食べないの。 | モンヌン ゴ アニヤ<br>먹는 거 아니야. |
| 落書きしないの。 | ナクソハヌン ゴ アニヤ<br>낙서하는 거 아니야. |
| やらないってば。 | ハヌン ゴ アニラニカ<br>하는 거 아니라니까. |

〜しないの

---

**語句** ・아니다　アニダ
①ある事実を否定する形容詞。「違う」
②何かを言おうとしてやめるときの表現。「いや、何でもない」
③「이/가 아니다」で「〜ではない」

# ～してほしいな

　「～してほしいな」「～しないでほしいな」「～はやめて
ほしいんだけど」などの表現は相手を配慮しながら注意す
るときに使います。
　子育ての時期の「言っていいことば・悪いことば」と同
じで、相手の気分を害さず、しっかり伝えられる表現です。
さらに進んで注意を含みつつ「～してくれるとうれしいな」
と要求を入れてみるのもよいかもしれません。

やらないでほしいな。

<ruby>하지<rt>ハジ</rt></ruby> <ruby>않았으면<rt>アナッスミョン</rt></ruby> <ruby>좋겠어<rt>ジョケッソ</rt></ruby>.

そうしないでほしいな。

<ruby>그러지<rt>クロジ</rt></ruby> <ruby>않았으면<rt>アナッスミョン</rt></ruby> <ruby>좋겠어<rt>ジョケッソ</rt></ruby>.

触らないでほしいな。

<ruby>만지지<rt>マンジジ</rt></ruby> <ruby>않았으면<rt>アナッスミョン</rt></ruby> <ruby>좋겠어<rt>ジョケッソ</rt></ruby>.

走らないでほしいな。

<ruby>뛰지<rt>ティッジ</rt></ruby> <ruby>않았으면<rt>アナッスミョン</rt></ruby> <ruby>좋겠어<rt>ジョケッソ</rt></ruby>.

ケンカしないでほしいな。

<ruby>싸우지<rt>ッサウジ</rt></ruby> <ruby>않았으면<rt>アナッスミョン</rt></ruby> <ruby>좋겠어<rt>ジョケッソ</rt></ruby>.

押さないでほしいな。

<ruby>밀지<rt>ミルジ</rt></ruby> <ruby>않았으면<rt>アナッスミョン</rt></ruby> <ruby>좋겠어<rt>ジョケッソ</rt></ruby>.

ふざけないでほしいな。

<ruby>장난치지<rt>チャンナンチジ</rt></ruby> <ruby>않았으면<rt>アナッスミョン</rt></ruby> <ruby>좋겠어<rt>ジョケッソ</rt></ruby>.

食べないでほしいな。

<ruby>먹지<rt>モクチ</rt></ruby> <ruby>않았으면<rt>アナッスミョン</rt></ruby> <ruby>좋겠어<rt>ジョケッソ</rt></ruby>.

落書きしないでほしいな。

<ruby>낙서하지<rt>ナクソハジ</rt></ruby> <ruby>않았으면<rt>アナッスミョン</rt></ruby> <ruby>좋겠어<rt>ジョケッソ</rt></ruby>.

怒らないでほしいな。

<ruby>화내지<rt>ファネジ</rt></ruby> <ruby>않았으면<rt>アナッスミョン</rt></ruby> <ruby>좋겠어<rt>ジョケッソ</rt></ruby>.

～してほしいな

---

**語句**　・~았으면　アッスミョン　「~したら」
　　　　　主に「좋다 (いい) / 하다 (する) / 싶다 (したい)」の活用形がくっ
　　　ついて希望や願望を表す表現。
　　　・~않았으면 アナッスミョン　「~しなかったら、~をやめたら」

| やめてほしいな。 | ハジ マラッスミョン ジョケッソ<br>하지 말았으면 좋겠어. |
| そうしないでほしいな。 | クロジ マラッスミョン ジョケッソ<br>그러지 말았으면 좋겠어. |
| 触るのはやめてほしいな。 | マンジジ マラッスミョン ジョケッソ<br>만지지 말았으면 좋겠어. |
| 走るのはやめてほしいな。 | ティジ マラッスミョン ジョケッソ<br>뛰지 말았으면 좋겠어. |
| ケンカするのはやめてほしいな。 | ッサウジ マラッスミョン ジョケッソ<br>싸우지 말았으면 좋겠어. |
| 押すのはやめてほしいな。 | ミルジ マラッスミョン ジョケッソ<br>밀지 말았으면 좋겠어. |
| ふざけるのはやめてほしいな。 | チャンナンチジ マラッスミョン ジョケッソ<br>장난치지 말았으면 좋겠어. |
| 食べるのはやめてほしいな。 | モクチ マラッスミョン ジョケッソ<br>먹지 말았으면 좋겠어. |
| 落書きはやめてほしいな。 | ナクソハジ マラッスミョン ジョケッソ<br>낙서하지 말았으면 좋겠어. |
| 怒るのはやめてほしいな。 | ファネジ マラッスミョン ジョケッソ<br>화내지 말았으면 좋겠어. |

---

**語句**　「하지 않았으면 좋겠어」と「하지 말았으면 좋겠어」の違い。
「～않았으면」は、これまでそのようなことをやったかどうかはわからないけれど、やめてほしい。一方「～말았으면」は、そのようなことをやっていたという事実があって、それを中止してほしい、というニュアンスです。

もう少し静かにして
くれるとうれしいな。

チョグンマン チョヨンイ ヘジュミョン ジョケッソ
조금만 조용히 해주면 좋겠어.

それ、やめてくれると
うれしいな。

クゴ　アネッミョン　ジョケッソ
그거 안 하면 좋겠어.

譲ってもらえるとうれ
しいな。

ニガ　ヤンボヘッスミョン ジョケッソ
네가 양보했으면 좋겠어.

これ片づけてくれると
うれしいんだけど。

イゴ チウォジュミョン ジョッケンヌンデ
이거 치워주면 좋겠는데.

持って来てもらえると
うれしいんだけど。

ニガ　カジョダジュミョン ジョケンヌンデ
네가 가져다주면 좋겠는데.

〜してほしいな

| 語句 | ・조용히 | チョヨンイ | 静かに |
| | ・양보하다 | ヤンボハダ | 譲る、譲歩する |
| | ・치우다 | ッチウダ | 片づける |
| | ・가져다주다 | カジョダヂュダ | 持って来てあげる |

209

# 5

# 元気ありあまる子に

　元気いっぱいの、元気すぎて危なっかしい子供へ注意するときの表現です。

| 気をつけて。 | チョシメ<br>조심해. |
|---|---|
| 気をつけないと。 | チョシメヤジ<br>조심해야지. |
| 危ない。 | ウィホメ<br>위험해. |
| ケガするよ。 | タチンダ<br>다친다. |
| 調子に乗ってるとケガするよ。 | クロダ　タチンダ<br>그러다 다친다. |
| 転ぶよ。 | ノモジンダ<br>넘어진다. |
| 服が濡れるよ。 | オッ チョッヌンダ<br>옷 젖는다. |
| 壊れるよ。 | マンガジンダ<br>망가진다. |
| 割れるよ。 | ッケジンダ<br>깨진다. |
| 落ちるよ。 | トロジンダ<br>떨어진다. |

元気ありあまる子に

| 語句 | ・위험하다 | ウィホマダ | 危ない |
|---|---|---|---|
| | ・젖다 | チョッタ | 濡れる |
| | ・망가지다 | マンガジダ | 壊れる |
| | ・깨지다 | ッケジダ | 割れる |
| | ・떨어지다 | ットロジダ | 落ちる、落下する |

うるさいんだけど…

<ruby>시끄러운데<rt>シックロウンデ</rt></ruby>…

ちょっと静かにしよう。

<ruby>좀 조용히 하자<rt>チョム チョヨンイ ハジャ</rt></ruby>.

静かにしゃべって。

<ruby>살살 말해<rt>サルサル マレ</rt></ruby>.

静かに歩いて。

<ruby>살살 다녀<rt>サルサル ダニョ</rt></ruby>.

走らないで。

<ruby>뛰지 좀 마<rt>ティジ チョム マ</rt></ruby>.

お願いだから。

<ruby>제발<rt>チェバル</rt></ruby>.

前を見てね。

<ruby>앞에 좀 보고<rt>アペ チョム ボゴ</rt></ruby>.

もう終わったから。

<ruby>다 끝났어<rt>タ クンナッソ</rt></ruby>.

あと、これだけ。

<ruby>이것만 하고<rt>イゴンマン ハゴ</rt></ruby>.

あとで。

<ruby>이따가<rt>イッタガ</rt></ruby>.

| 語句 | | | |
|---|---|---|---|
| | ・시끄럽다 | ッシクロプタ | うるさい |
| | ・살살 | サルサル | 静かに、そっと |
| | ・제발 | チェバル | お願いだから |
| | ・끝나다 | クンナダ | 終わる |
| | ・이것만 | イゴンマン | これだけ |

ちょっと、どいてくれる？

<ruby>좀<rt>チョム</rt></ruby> <ruby>비켜줄래<rt>ピキョジュルレ</rt></ruby>?

ちょっとあっちへ行ってて
くれる？

<ruby>저리<rt>チョリ</rt></ruby> <ruby>좀<rt>チョム</rt></ruby> <ruby>가<rt>カ</rt></ruby> <ruby>있을래<rt>イッスルレ</rt></ruby>?

今ちょっと忙しいの…

<ruby>지금<rt>チグム</rt></ruby> <ruby>좀<rt>チョム</rt></ruby> <ruby>바쁜데<rt>バップンデ</rt></ruby>…

ちょっと待っててね。

<ruby>잠깐만<rt>チャンカンマン</rt></ruby> <ruby>기다려<rt>キダリョ</rt></ruby> <ruby>줄래<rt>ジュルレ</rt></ruby>.

じっとしててね。

<ruby>가만히<rt>カマニ</rt></ruby> <ruby>있어<rt>イッソ</rt></ruby>.

おとなしくしててね。

<ruby>얌전히<rt>ヤムジョニ</rt></ruby> <ruby>있어<rt>イッソ</rt></ruby>.

元気ありあまる子に

---

| 語句 | | | |
|---|---|---|---|
| ・비키다 | ピキダ | どく |
| ・저리 | チョリ | あちら |
| ・바쁘다 | バプダ | 忙しい |
| ・가만히 | カマニ | じっとして、動かず、話さず |
| ・얌전히 | ヤムジョニ | おとなしく |

# 6

# おとなしすぎる子に

　おとなしくて引っ込み思案な子供などへの注意のことば
です。
　厳しく叱ったり、促したりするだけでなく、励ましや愛
情のことばも必要ですね。

早く。
ツパルリ
빨리.

早くして。
パルリハジャ
빨리하자.

グズグズしないで。
クムルデジ　マルゴ
꾸물대지 말고.

怖い？
ムソウォ
무서워?

難しい？
オリョウォ
어려워?

うまく行かない？
チャル アンデ
잘 안돼?

一緒にやってみる？
カチ　ヘボルカ
같이 해볼까?

手伝おうか？
トワジュルカ
도와줄까?

心配しないで。
コクチョンハジマ
걱정하지마.

おとなしすぎる子に

| 語句 | ・빨리 | ッパルリ | 早く |
| --- | --- | --- | --- |
| | ・꾸물대다 | ックムルデダ | もたもたする |
| | ・도와주다 | トワジュダ | 手伝う、助ける |
| | ・걱정하다 | コクチョンハダ | 心配する |

| 待っててあげるから。 | キダリョジュルケ<br>기다려줄게. |
| ゆっくりやってもいいよ。 | チョンチョニ ヘド デ<br>천천히 해도 돼. |
| 落ち着いて。 | チンジョンハゴ<br>진정하고. |
| どうして泣くの？ | ウェ ウロ<br>왜 울어? |
| 泣かないで。 | ウルジ マルゴ<br>울지 말고. |
| 泣くのはおしまい！ | トゥック<br>뚝！ |
| 言わないとわからないよ。 | マルル ヘヤ アルジ<br>말을 해야 알지. |
| イヤならイヤと言って。 | シルミョン シルタゴ ヘ<br>싫으면 싫다고 해. |
| イヤなら行かなくてもいいよ。 | シルミョン アン ガド デ<br>싫으면 안 가도 돼. |

| 語句 | ・진정하다 | チンジョンハダ | 落ち着く、心を静める |
|---|---|---|---|
| | ・울다 | ウルダ | 泣く |
| | ・뚝 | トゥック | ピタッと止まる様 |
| | ・싫다 | シルタ | イヤだ |

| | |
|---|---|
| やらなくてもいいよ。 | <sub>アネド　　デ</sub><br>안 해도 돼. |
| 大丈夫。もういいよ。 | <sub>ケンチャナ　　デッソ</sub><br>괜찮아. 됐어. |
| 大好きだよ。〔息子へ〕 | <sub>サランヘ　　ウリ　　アドゥル</sub><br>사랑해 우리 아들. |
| 大好きだよ。〔娘へ〕 | <sub>サランヘ　　ウリ　　タル</sub><br>사랑해 우리 딸. |
| 君のこと信じてるよ。 | <sub>ノル　ミド</sub><br>널 믿어. |

おとなしすぎる子に

| 語句 | ・사랑해 | サランヘ | 愛してる、大好きだ |
|---|---|---|---|
| | ・우리 아들 | ウリ アドゥル | （我が）息子 |
| | ・우리 딸 | ウリ ッタル | （我が）娘 |
| | ・믿다 | ミッタ | 信じる |

<単語>

| 家 집 | | | | | |
|---|---|---|---|---|---|
| 一戸建て | 단독주택 | タンドック<br>チュテック | ドア | 문 | ムン |
| マンション | 아파트 | アパトゥ | 玄関ドア | 현관문 | ヒョンガン<br>ムン |
| 屋根 | 지붕 | チブン | 窓 | 창문 | チャンムン |

| 家電 가전 | | | | | |
|---|---|---|---|---|---|
| テレビ | 텔레비전 | テルレビジョン | 空気清浄機 | 공기청정기 | コンギチョン<br>ヂョンギ |
| コンピューター | 컴퓨터 | コンピュト | ドライヤー | 드라이기 | トゥライギ |
| エアコン | 에어컨 | エオコン | アイロン | 다리미 | タリミ |
| 洗濯機 | 세탁기 | セタックキ | ストーブ | 난로 | ナルロ |
| 乾燥機 | 건조기 | コンジョギ | 扇風機 | 선풍기 | ソンプンギ |
| 掃除機 | 청소기 | チョンソギ | 浄水器 | 정수기 | チョンスギ |

| 調理用具 조리 도구 | | | | | |
|---|---|---|---|---|---|
| フライパン | 프라이팬 | プライペン | 包丁 | 칼<br>식칼 | カル<br>シクカル |
| フライ返し | 뒤집개 | ティジップケ | ボウル | 믹싱볼 | ミクシンボル |
| しゃもじ | 주걱 | チュゴク | スライサー | 채칼 | チェカル |
| お玉 | 국자 | クックチャ | 鍋 | 냄비 | ネムビ |
| トング | 집게 | チップケ | ラップ | 랩 | レプ |
| 果物ナイフ | 과도 | クアド | 蒸し器 | 찜기 | チムギ |
| まな板 | 도마 | トマ | ミキサー | 믹서기 | ミクソキ |
| やかん | 주전자 | チュジョンジャ | ティーポット | 티포트 | ティポトゥ |
| 計量スプーン | 계량스푼 | ケリャンスプン | 鍋敷 | 냄비받침 | ネムビパッチム |
| エプロン | 앞치마 | アップチマ | ふきん | 행주 | ヘンジュ |

## キッチン家電　주방가전

|  |  |  |
|---|---|---|
| 冷蔵庫 | 냉장고 | ネンジャンゴ |
| ガスレンジ | 가스레인지 | ガスレインジ |
| 電子レンジ | 전자레인지 | チョンジャレインジ |
| オーブン | 오븐 | オブン |
| トースター | 토스터 | トスト |
| IHクッキングヒーター | 인덕션 | インドクション |
| 炊飯器 | 전기밥솥 | チョンギパップソッ |
| 電気ポット | 전기포트 | チョンギポトゥ |
| グリル | 그릴 | グリル |
| コーヒーマシーン | 커피머신 | コピモシン |

## 食器　식기

| | | | | | |
|---|---|---|---|---|---|
| ご飯茶碗 | 밥공기 | パップコンギ | 箸 | 젓가락 | チョッカラック |
| | 밥그릇 | パップクルッ | | | |
| スープ茶碗 | 국그릇 | クッククルッ | 皿 | 접시 | チョップシ |
| カップ | 찻잔 | チャッチャン | どんぶり | 대접 | テジョップ |
| マグカップ | 머그잔 | モグチャン | 盃 | 술잔 | スルチャン |

## 調味料　조미료

| | | | | | |
|---|---|---|---|---|---|
| ゴチュジャン | 고추장 | コチュジャン | カレー粉 | 카레가루 | カレッカル |
| 砂糖 | 설탕 | ソルタン | 味噌 | 된장 | デンジャン |
| 塩 | 소금 | ソグム | こしょう | 후추 | フチュ |
| 醤油 | 간장 | カンジャン | 酢 | 식초 | シクチョ |

## 食感　식감

|  |  |  |
|---|---|---|
| 柔らかい | 부드럽다 | ブドゥロップダ |
| 固い | 딱딱하다 | タクタカダ |
| 外はカリッと、中はしっとり | 겉바속촉 | コッパソクチョック |

| 肉　　　고기 | | | | | |
|---|---|---|---|---|---|
| 牛肉 | 소고기 | ソゴギ | カルビ | 갈비 | カルビ |
| 豚肉 | 돼지고기 | テジゴギ | もも肉 | 다리살 | タリサル |
| 鶏肉 | 닭고기 | タッコギ | ひき肉 | 간고기 | カンゴギ |
| ロース | 등심 | ドゥンシム | 肩・肩ロース | 목심 | モクシム |

| 野菜　　채소 | | | | | |
|---|---|---|---|---|---|
| キャベツ | 양배추 | ヤンベチュ | にんじん | 당근 | ダングン |
| ほうれんそう | 시금치 | シグムチ | 里芋 | 토란 | トラン |
| 白菜 | 배추 | ペチュ | 大根 | 무 | ム |
| 玉ねぎ | 양파 | ヤンパ | ごぼう | 우엉 | ウォン |
| ねぎ | 파 | パ | きのこ | 버섯 | ボソッ |
| かぼちゃ | 밤호박 | バムホバック | きゅうり | 오이 | オイ |
| なす | 가지 | カジ | エリンギー | 새송이 | セソンイ |
| じゃがいも | 감자 | カムジャ | サンチュ | 상추 | サンチュ |
| さつまいも | 고구마 | コグマ | ズッキーニー | 애호박 | エホバック |

| フルーツ　　과일 | | | | | |
|---|---|---|---|---|---|
| りんご | 사과 | サグァ | ぶどう | 포도 | ポド |
| みかん | 귤 | キュル | すいか | 수박 | スバック |
| いちご | 딸기 | タルギ | 梨 | 배 | ペ |
| 桃 | 복숭아 | ボックスンア | グレープフルーツ | 자몽 | ジャモン |

| 菓子・スイーツ　　과자・디저트 | | | | | |
|---|---|---|---|---|---|
| クッキー | 쿠키 | クキ | キャンディ | 사탕 | サタン |
| ケーキ | 케이크 | ケイク | ガム | 껌 | コム |
| チョコレート | 쵸콜릿 | チョコリッ | アイスクリーム | 아이스크림 | アイスクリム |

| 人体 | 인체 | | | | |
|---|---|---|---|---|---|
| 体 | 몸 | モム | 首 | 목 | モック |
| 身長 | 키 | ッキ | 肩 | 어깨 | オケ |
| 体重 | 몸무게 | モンムゲ | 腕 | 팔 | パル |
| | 체중 | チェジュン | | | |
| 頭／髪 | 머리 | モリ | 手 | 손 | ソン |
| 額 | 이마 | イマ | 手首 | 팔목 | ッパルモク |
| 顔 | 얼굴 | オルグル | 胸 | 가슴 | カスム |
| 目 | 눈 | ヌン | 乳房 | 유방 | ユバン |
| 耳 | 귀 | クィ | お腹 | 배 | ペ |
| 鼻 | 코 | ッコ | 腰 | 허리 | ホリ |
| 鼻の穴 | 콧구멍 | ッコックモン | おへそ | 배꼽 | ペコプ |
| 口 | 입 | イップ | 性器 | 성기 | ソンギ |
| 唇 | 입술 | イップスル | 脚 | 다리 | タリ |
| 歯 | 이 | イ | 足 | 발 | パル |
| 親知らず | 사랑니 | サランニ | 足首 | 발목 | パルモック |
| ふくらはぎ | 종아리 | チョンアリ | お尻 | 엉덩이 | オンドンイ |
| | | | | 궁둥이 | クンデンイ |

| 病院 | 병원 | | | | |
|---|---|---|---|---|---|
| 総合病院 | 종합병원 | チョンハップビョンウォン | 大学病院 | 대학병원 | テハックビョンウォン |
| 内科 | 내과 | ネカ | 小児科 | 소아과 | ソアカ |
| 外科 | 외과 | ウェカ | 皮膚科 | 피부과 | ピブカ |
| 歯科 | 치과 | チカ | 産婦人科 | 산부인과 | サンブインカ |
| 眼科 | 안과 | アンカ | 耳鼻咽喉科 | 이비인후과 | イビイヌカ |
| ワクチン | 백신 | ペックシン | 予防接種 | 예방 접종 | イェバンチョップチョン |

| 病気 | 병 | |
|---|---|---|
| 食中毒 | 식중독 | シックチュンドック |
| 喘息 | 천식 | チョンシック |
| ガン | 암 | アム |
| 心臓病 | 심장병 | シムジャンピョン |
| 糖尿病 | 당뇨병 | タンニョッピョン |
| 成人病 | 성인병 | ソンインピョン |
| 伝染病 | 전염병 | チョニョンピョン |
| 鼻炎 | 비염 | ピヨム |
| 肺炎 | 폐렴 | ペリョム |
| 虫垂炎 | 맹장염 | メンジャンヨム |
| 関節炎 | 관절염 | カンジョルヨム |
| 膀胱炎 | 방광염 | パンガンヨム |
| 高血圧 | 고혈압 | コヒョラップ |
| 高脂血症 | 고지혈증 | コジヒョルチュン |
| 骨粗鬆症 | 골다공증 | コルタゴンチュン |
| 心筋梗塞 | 심근경색증 | シムグンキョンセックチュン |
| ウィルス | 바이러스 | バイロス |
| コロナウィルス | 코로나 바이러스 | コロナバイロス |

| ケガ | 다침 | | | | |
|---|---|---|---|---|---|
| 外傷 | 외상 | ウェサン | 切る | 베다 | ペダ |
| 打撲傷 | 타박상 | タバックサン | 腫れる | 붓다 | ブッタ |
| 内出血 | 내출혈 | ネチュリョル | 骨折 | 골절 | コルチョル |
| 虫歯 | 충치 | チュンチ | 擦りむける | 까지다 | ッカジダ |
| ネンザ | 염좌 | ヨムジャ | ヤケドする | 데다 | デダ |

[著者]

**李明姫**（イ・ミョンヒ）

韓国ソウル生まれ。東京外国語大学院修士課程修了。通訳・翻訳に携わる。
著書：『CD BOOK 韓国語会話フレーズブック』『CD BOOK たったの72パターンでこんなに話せる韓国語会話』『CD BOOK 日常韓国語会話フレーズBest表現1100』『CD BOOK 韓国語が1週間でいとも簡単に話せるようになる本』（以上、明日香出版社）など。

**音声DL付き 日常韓国語の基本の基本フレーズが身につく本**

2021年　6月 28日　初版発行
2022年　4月 15日　第5刷発行

著　　　者　李明姫
発　行　者　石野栄一
発　行　所　明日香出版社
　　　　　　〒112-0005　東京都文京区水道2-11-5
　　　　　　電話　03-5395-7650（代表）
　　　　　　https://www.asuka-g.co.jp

印　　　刷　株式会社フクイン
製　　　本　根本製本株式会社

 **たったの 72 パターンで
こんなに話せる中国語会話**

趙 怡華

「〜はどう？」「〜だといいね」など、決まった基本パターンを使い回せば、中国語で言いたいことが言えるようになります！　好評既刊の『72 パターン』シリーズの基本文型をいかして、いろいろな会話表現が学べます。

本体価格 1800 円＋税　B6 変型　〈216 ページ〉　2011/03 発行　978-4-7569-1448-4

 **たったの 72 パターンで
こんなに話せる韓国語会話**

李 明姫

日常会話でよく使われる基本的なパターン（文型）を使い回せば、韓国語で言いたいことが言えるようになります！　まず基本パターン（文型）を理解し、あとは単語を入れ替えれば、いろいろな表現を使えるようになります。

本体価格 1800 円＋税　B6 変型　〈216 ページ〉　2011/05 発行　978-4-7569-1461-3

 **たったの 72 パターンで
こんなに話せる台湾語会話**

趙 怡華

「〜したいです」「〜をください」など、決まったパターンを使いまわせば、台湾語は誰でも必ず話せるようになる！　これでもうフレーズ丸暗記の必要ナシ。言いたいことが何でも言えるようになります。

本体価格 1800 円＋税　B6 変型　〈224 ページ〉　2015/09 発行　978-4-7569-1794-2